Frohes Lernen 3

Lesebuch

Autorin: Isolde Stangner

Beratung: Beate Eckert-Kalthoff

Ernst Klett Verlag GmbH
Stuttgart • Leipzig • Dortmund

So lernen die Kinder mit dem Frohes Lernen Lesebuch

Mit den **Auftaktseiten** beginnt ein neues Kapitel. Der Einstieg in das Thema erfolgt jeweils über Gedichte.

Die **Leseseiten** enthalten eine Vielfalt an Texten der modernen und klassischen Kinderliteratur mit Aufgaben aus den 3 Anforderungsniveaus zur Differenzierung.

Die **Lernen-lernen-Seiten** beinhalten je Kapitel eine Doppelseite zu einer Strategie oder Methode. Die Strategien oder Methoden finden Anwendung im gesamten Lesebuch und sind durch einen Verweis >> hinter der jeweiligen Aufgabe erkennbar.

Jedes Kapitel enthält vier **Üben-Seiten** zum Fördern und Fordern. Sie bieten ausgewählte Inhalte auf 4 Niveaustufen.

Eine Folie ist dem Lesebuch beigelegt. Ausgewiesene Aufgaben werden mit ihr gelöst. Auch dient sie der Selbst- und Fremdreflexion –

☺ : Das kann ich schon gut.

😐 : Hier muss ich noch etwas üben.

☹ : Das kann ich noch nicht gut. Ich übe weiter und hole mir Hilfe.

Symbole und Medien

- Arbeite mit einem Partnerkind.
- Arbeite in der Gruppe.
- >> Lies auf dieser Seite nach.
- F Markiere auf der Folie Textstellen. Nimm hierfür einen Bleistift oder einen Buntstift. Schreibe nicht in dein Buch! Bei Verlust der Folie wende dich an deine Lehrkraft.
- Schreibe in dein Heft.
- * Hierzu findest du Worterklärungen.

Differenzierende Aufgaben:

- ○ leicht
- ◒ mittel
- ● schwer

MK Medienkompetenz

Hörtexte auf dem Digitalen Unterrichtsassistenten zum Frohes Lernen 3 Sprachbuch

Inhalt

Lernen lernen: Im Tandem lesen		**8**
Die Frühstücksmaschine	Paul Maar	8
So könnt ihr im Tandem lesen		9

Miteinander lernen 10

Mein Haus	Charlotte Jugel	10
Unsere Schule	Jens Pape	10
Kleiner Unsinn	Gottfried Herold	11
Das Schimpfwörter-ABC	Käthe Recheis	11
F	Regina Schwarz	12
Ich sammle Wörter:	Hans-Joachim Gelberg	13
Schulweg 1	Marlies Böhm	14
Schulweg 2	Marlies Böhm	15
Der Neue	Angelika Mechtel	16
Die Schule vor 120 Jahren	Andreas Körnich	18
Klassenregeln vor 120 Jahren	Anja Gröting	19
Detektiv Blitz auf Buchstabenjagd	Maria Seidemann	20
Herr Kratochwil kommt fast zu spät	Heinz Janisch	22
Üben		**24**
Das Bauchweh	Nasrin Siege	24
Lernen lernen: Schlüsselwörter finden		**28**
Anna, genannt Humpelhexe	Franz Fühmann	28
So kannst du Schlüsselwörter finden		29

Gesund und munter 30

Ich	Anne Steinwart	30
Gedicht vom Ich	Fredrik Vahle	31
Ich	Jürgen Spohn	31
Luise Berg steht vor dem Spiegel	Bernd Lunghard	32
Tauschen	Michael Kumpe	32
Der Spiegel	Peter Maiwald	32
Sich dünn machen	Wolfgang Buschmann	33
Längenunterschied	James Krüss	33
Rätsel	Gerda Anger-Schmidt	33
Ein Märchen	Bertolt Brecht	34
Kindertraumboot	Max Kruse	35
Ich wünsche mir von einer Fee	Susie Morgenstern	36
Kinderwerte – Was ist für Kinder im Leben wichtig?	unbekannter Verfasser	37
Mutig, mutig	Lorenz Pauli	38
Rezept gegen Wut	Günter Saalmann	40

Gewalt	Pernilla Stalfelt	41
Das Gegenteil von Gewalt	Pernilla Stalfelt	41
Üben		**42**
Voller Einsatz auf einem Bein	unbekannter Verfasser	42
Lernen lernen: Den roten Faden einer Erzählung finden		**46**
Eltern tauschen	Christina König	46
So kannst du den roten Faden einer Erzählung finden		47

Du und ich und wir 48

Vom Nehmen und Geben	Gerda Anger-Schmidt	48
Mit dir	Friedl Hofbauer	48
Wer sind wir?	Saskia Ruff	49
Freunde	Lea Hector	49
Die gute Taube	Abdalhafiz Mohammad, Elinor Mohammad	50
Sind alle Türen dir verschlossen	unbekannter Verfasser	51
Bulli, Malli und der Neue	Gitta Edelmann	52
Weißt du eigentlich, wie lieb ich dich hab?	Sam McBratney	54
Eine Erzählung in vielen Sprachen	Yvonne Zimmermann	55
Bayerisch / Fränkisch / Schwäbisch	Sam McBratney	55
Alle machen alles – In der Küche	Ludwig Harig	56
Geschwister, keine	Alexandra Maxeiner	57
Moritz heißt immer noch Meier	Corinna Gieseler	58
Der alte Bär muss Abschied nehmen	Udo Weigelt	60
Üben		**62**
Der Neinrich	Edith Schreiber-Wicke (Autorin), Carola Holland (Illustratorin)	62
Lernen lernen: Teilüberschriften finden und mit ihnen einen Text nacherzählen		**66**
Die Geschichte von einer besonderen Familie	Ursula Wölfel	66
So kannst du Teilüberschriften finden und mit ihnen einen Text nacherzählen		67

Traumhaft und fantasievoll 68

Gerichte aus der Hexenküche	Paul Maar	68
Verlornes wiedafindn / Nix kocha miassn	Beate Eckert-Kalthoff	68
Hexeneinmaleins	Johann Wolfgang von Goethe	69
Zauberspruch	Max Kruse	69
Zauberformel zum Raten	Christa Zeuch	69
Die Wichtelmänner	Brüder Grimm	70
Künstlerpech	Otfried Preußler	72
Die fliegende Zahnbürste	Paul van Loon	74
Das Märchen vom Schnee	Volksgut	75

Till bäckt Eulen und Meerkatzen	Heinz Janisch	76
Zauberstab und Zauberhut	Peter Hacks	78
Zaubertrick zum Nachmachen	Bernadette Girshausen	79
Üben		**80**
Der süße Brei	nach den Brüdern Grimm	80
Lernen lernen: Märchen erkennen		**84**
Dornröschen	nach den Brüdern Grimm	84
So kannst du Märchen erkennen		85

Auf den Spuren der Natur 86

Das Lied der Nachtigall	Johann Wolfgang von Goethe	86
Der Regen	Volker Braun	86
Der Schmetterling ist in die Rose verliebt	Heinrich Heine	87
Haiku	Martin Auer	87
Der Regen	lettisches Volksmärchen	88
Wie wird das Wetter heute?		89
Frau Tausendfuß heut Wäsche hat	Peter Hacks	90
Gänseblümchen	Elisabeth Manke	91
Alles wächst, wie es will	Edgar Wüpper	92
Steckbrief: Rotbuche	Bert Elsen	94
Die Bavaria-Buche	unbekannter Verfasser	95
Wer kennt die Pflanze?	Josef Guggenmos	96
Wie kam die Kartoffel nach Deutschland?	Hans Misdorf	97
Vom Raben und Fuchs	Martin Luther	98
Der Fuchs und die Trauben	nach Äsop, Tilde Michels	99
Üben		**100**
Der Bauer und der Teufel	nach den Brüdern Grimm	100
Lernen lernen: Eine Fabel erkennen		**104**
Der Löwe und die Maus	Äsop	104
So kannst du eine Fabel erkennen		105

Hier und anderswo 106

Kinder einer Welt	Bernie Conrads	106
Du fragst mich: Wo kommen die Worte her?	Wolf Harranth	107
Malala, jüngste Friedensnobelpreisträgerin	unbekannter Verfasser	108
Dialog	Nasrin Siege	109
Der Koffer	Sibylle Mews	110
Rucksack packen	nach einer Idee von Margret Rettich	111
Brot bei uns und in anderen Ländern	Beate Eckert-Kalthoff; nach Stefanie Erdmann	112

Der Englische Garten in München	Silke Meggendorfer	114
Wie Rosenheim zu seinem Namen kam	Max Einmayr	115
Ein kleines Mundart-Wörterbuch		116
Berlin – Unsere Hauptstadt	Silke Meggendorfer	117
Wikinger – Die Verbannung	Maja Nielsen	118
Üben		**120**
An die Kinder	Johann Gottfried Herder	120
Lernen lernen: Mit anderen über einen Text sprechen		**124**
Ein Moor erzählt Geschichte	unbekannter Verfasser	124
So kannst du mit anderen über einen Text sprechen		125

Unsere Erde, unser Zuhause 126

Wie ist doch die Erde so schön	Robert Reinick	126
Erde	Rosemarie Künzler-Behncke	127
Alles voller Leben	Eckart zur Nieden	127
Der Kreislauf des Wassers		128
Kleine Tropfen Wasser	unbekannter Verfasser	128
Das Wasser	James Krüss	128
Das Wassertröpflein	unbekannter Verfasser	128
Die Wasserfall-Giganten	Heiko Kammerhoff	130
Ausflug zu einem bayerischen Wasserfall	Familie Schmidt	131
Sofie und Vaters Wasserwerk	Peter Härtling	132
Wasser ist kostbar	nach Anna Kruse	133
Besuch bei den Forellen	Josef Guggenmos	134
Umweltverschmutzung	Dieter Mucke	134
Wie Boyan Slat das Meer vom Plastik befreien will	Dela Kienle	135
Die Sterne	Martin Auer	136
Der König und das Meer	Heinz Hanisch, Wolf Erlbruch	136
Die Erde hat eine Anziehungskraft	Herbert Günther	137
Ötzi im Gletschereis	Simone Müller	138
Üben		**140**
Vergebliche Rache	jüdisches Märchen	140
Lernen lernen: W-Fragen zu einem Text stellen und sie beantworten		**144**
Der großmaulige Frosch	Marie Sonntag	144
So kannst du W-Fragen zu einem Text stellen und sie beantworten		145

Bücherwurm und Computermaus 146

Bibliothek	Ernst Jandl	146
Rätsel	Josef Guggenmos	146
Bücher	Hartmut Kulick	147
Medien überall	Susanna Eckhoff	147

Rund um die Bibliothek	unbekannter Verfasser	148
Der Wolf, der aus dem Buch fiel	Thierry Robberecht (Autor), Grégoire Mabire (Illustrator)	150
Das ist ein Buch!	Lane Smith	152
Medienzeit	Susanna Eckhoff	154
Der Tag, an dem die Oma das Internet kaputt gemacht hat	Marc-Uwe Kling	156
Elektronische Post	Susanna Eckhoff	158
Textnachrichten	Bernadette Girshausen	159
Üben		**160**
Worüber der Franz unzufrieden ist	Christine Nöstlinger	160
Lernen lernen: Einen Text gestalten		**164**
Der unglaubliche Bücherfresser	Oliver Jeffers	164
So kannst du einen Text gestalten		165

Durch das Jahr 166

Die vier Jahreszeiten	Mascha Kaléko	166
Das erste Märchen von den zwölf Monaten	Eleonora Berger	168
Das zweite Märchen von den zwölf Monaten	Eleonora Berger	169
Dinge, die man tun sollte, …	Sabine Bohlmann	170
Wie kommen die Jahreszeiten zustande?	Erich Übelacker	171
Nebel	Josef Guggenmos	172
Was ist das Laubhüttenfest?	Roland Rosenstock	173
Winterfreuden	Otfried Preußler	174
Schneeflocken	Volksgut	175
Winterexperiment	Anita van Saan, Charlotte Wagner	175
Dann fängt Weihnachten an	Bernhard Lins	176
Witze	Jupp Becker, unbekannte Verfasser, Michael Karsten	178
Die Sonne ist ein Lutschballon	Georg Bydlinksi	179
August	Elisabeth Borchers	179
Üben		**180**
Drachensteigen	Gina Ruck-Pauquèt	180
Lernen lernen: Einen Text mit verteilten Rollen lesen und spielen		**184**
Auf „Weltreise“ mit Opa	Elke Bräunling	184
So könnt ihr einen Text mit verteilten Rollen lesen und spielen		185

Fachbegriffe Lesen 186
Autorinnen und Autoren 188
Textquellennachweis 189
Bildquellennachweis 192

Im Tandem lesen

Die Frühstücksmaschine

Professor Monogrohm sagte eines Morgens vor dem Frühstück zu seiner Frau: „Es ist höchste Zeit, dass ich wieder einmal eine meiner genialen Erfindungen mache.“ Professor Monogrohm war der berühmte Erfinder der fünfeckigen Kugel und der wasserdichten Windhose. „Was willst du denn erfinden?“, fragte Frau Monogrohm. „Das ist ja gerade die Frage“, erklärte er ihr. „Das Erfinden selbst geht ganz leicht. Es ist nur so schwierig, sich Sachen auszudenken, die bis jetzt noch nicht erfunden worden sind.“ „Wie wäre es mit einer neuen Maschine?“, schlug seine Frau vor. „Daran habe ich natürlich auch schon gedacht“, sagte der Professor und setzte sich an den Frühstückstisch. „Aber das ist gar nicht so einfach, fast alle Maschinen sind bereits erfunden. Denk nur an unseren Haushalt: Zum Waschen nehmen wir die Waschmaschine, zum Spülen die Spülmaschine, zum Brotschneiden die Brotschneidemaschine und zum Nähen die Nähmaschine.“ „Wenn du sowieso nichts erfinden kannst, dann wollen wir wenigstens mit dem Frühstück beginnen“, sagte Frau Monogrohm. „Frühstück? Genau das ist es!“, rief Professor Monogrohm und schlug vor Begeisterung mit der Faust aufs Frühstücksei. „Wir brauchen eine Frühstücksmaschine.“

Paul Maar

>> S. 188: Paul Maar

So könnt ihr im Tandem lesen

Euer Lesetandem besteht aus **einem Lesetrainer oder einer Lesetrainerin** und **einem Lesesportler oder einer Lesesportlerin.**

- Ihr übt gemeinsam lesen. So geht's:

- Ihr lest den Text gemeinsam halblaut und im gleichen Tempo.

Ich zeige mit dem Finger auf den Text in dem Tempo, in dem du liest.
Ich klopfe auf den Tisch, wenn du einen Fehler machst.
Ich helfe dir, wenn du es nicht allein schaffst.

Ich lese halblaut mit.
Ich verbessere meinen Fehler.
Wenn ich es nicht allein schaffe, lasse ich mir helfen.

- Bei einem Fehler wiederholt ihr den Satz und lest gemeinsam halblaut weiter.

- Bei einem Fehler wiederholt ihr den Satz und lest gemeinsam halblaut weiter. Ihr lest den Text viermal:

Beim ersten Mal lest ihr den Text und klärt schwierige Wörter.	Beim zweiten Mal lest ihr den Text genau, die Sätze Wort für Wort bis zum Ende. Ratet nicht.	Beim dritten Mal lest ihr den Text flüssig. Lest nicht zu schnell, damit ihr versteht, was ihr lest.	Beim vierten Mal lest ihr den Text betont. Zwischen den Sätzen macht ihr kleine Pausen.

Miteinander lernen

Mein Haus

Die Schule ist mein Haus
Da geh ich ein und aus
Da spiel ich drin
Da lerne ich
und manchmal
manchmal
träum ich mich
weit fort aus diesem Haus

Charlotte Jugel

○ **1** Was passiert in dem Haus?
Finde passende Verben.

◒ **2** Wer könnte das Ich sein?
Überlegt gemeinsam.

● **3** Warum träumt sich das Ich manchmal weit fort?
Tauscht euch aus.

Unsere Schule

Unsere Schule ist ein Platz für alle.
Ein Ort für unsere Fragen und unsere Ideen,
wo wir täglich miteinander lernen,
einander respektieren
und uns zuhör'n und verstehen.

Denn jeder ist, wie er ist,
und so soll es auch sein,
und die ganze große Vielfalt
passt in unsere Schule hinein.

Jens Pape

○ **4** Die Schule als Platz für alle – wie zeigt sich das im Gedicht?
Finde Schlüsselwörter. >>S. 29

● **5** Gibt es in eurer Schule „die ganze große Vielfalt"?
Sprecht darüber und begründet eure Meinungen.

>>S. 186: Autor, Gedicht / Strophe / Vers

Kleiner Unsinn

Wernichtrichtiglesenkann
fängtnochmalvonvornean
dennichschreibehierdieworte
andersalsmaneuchgelehrt
sonderneinfachaneinander
dassmansienichtgleicherkennt
auchwennihrdasunsinnnennt
docheinkleinerunsinnmacht
dassmangerndarüberlacht.

Gottfried Herold

1 Was ist das Besondere an dem Gedicht? Sprecht darüber.

2 Findet die Wortgrenzen. Lest das Gedicht flüssig.

Das Schimpfwörter-ABC

Du abgetakelter Aprilscherz!
Du birnenköpfige Bohnenstange!
Du chronisches Chamäleon!
Du dusseliger Dinosaurier!
Du epochaler Eierkopf!
Du flatterhafter Fliegenfänger!
Du geigender Gurkenhammel!
Du hirnverbrannter Himmelschlüssel!
Du irrsinniger Igelkaktus!
...
Du x-beliebiges X-Bein!
Du yberflüssiges Ypsilon!
Du zittriger Zebrastreifen!

Käthe Recheis

3 Entdeckt das große und das kleine ABC in den Zeilen. Lest euch die passenden Adjektive und Nomen halblaut vor.

4 Vervollständige das Schimpfwörter-ABC oder schreibe ein eigenes.

>>S. 186: Autor

F

Es gibt federleichte Wörter:
Federbett ist so ein Wort.
In ein Federbett kannst du dich
fest hineinkuscheln
und friedlich ein Buch lesen.

Famose Wörter gibt es auch:
Ferien zum Beispiel.
Da kannst du Fahrrad fahren,
Fangen spielen,
Fährten finden
und Fische fangen.

Es gibt fürchterliche Wörter:
wie früh aufstehen,
Fieber und faule Äpfel.

Und dann gibt es
fantastische Wörter:
Nachtfalter, Fundevogel, Fabeltier
oder fliegen können.
Mit denen kannst du
auf Fantasiereise gehen.

Regina Schwarz

1. Lest den Text im Tandem. Überlegt dabei: Was klappt schon gut? Lest ihr genau? Lest ihr flüssig? Lest ihr betont? Was wollt ihr noch verbessern? >> S. 9

2. In jeder Strophe wird den F-Wörtern eine Eigenschaft zugeordnet. Finde das jeweilige Adjektiv.

3. Wähle eine Strophe aus. Sammle dazu weitere passende F-Wörter mithilfe von Wörterbüchern, Lexika oder Kindersuchmaschinen.

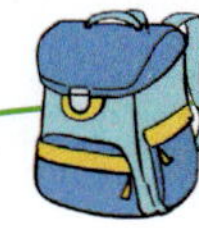

Ich sammle Wörter:

WIRRWARR Augenblick *Purzelbaum* Quatsch
DINGS warum Fernweh WUNDERTÜTE
LANGEWEILE Augenstern Pampelmuse
vielleicht kunterbunt Wolkenkuckucksheim
Habseligkeiten Plaudertasche Sommervogel
sozusagen *Unendlichkeit* Wanderbaustelle
Schmetterling **Lesesessel** Sternschnuppe
Tausendsassa Schlaraffenland Sehnsucht
eigentlich und

Hans-Joachim Gelberg

○ **1** Welche Wörter findest du besonders lustig? Lies sie deinem Partner vor.

◒ **2** Welche Wörter verstehst du nicht? Forsche mithilfe einer Kindersuchmaschine nach.

● **3** Sammelt eigene Quatschwörter oder Lieblingswörter. Nutzt Wörterbücher und Lexika. Sprecht darüber.

○ **4** Wie verändern sich die Wörter?
Lies genau.

plaudern Plaudertasche	Stern Sternschnuppe	tausend Tausendsassa
lange Langeweile	Augen Augenstern	wirr Wirrwarr
Sommer Sommervogel Sommervogelgesang	Wolken Wolkenkuckuck Wolkenkuckucksheim	endlich unendlich Unendlichkeit

MK Aufgabe 2

Schulweg 1

Tschüss, Mama!
Hallo, Gabi!
Hallo, Michaela!
Da hinten kommt auch gerade die Isabelle.
Kommt, wir warten auf sie.
Also, gestern habe ich was ganz Tolles bekommen.
Wir waren weggefahren.
Bei uns war meine Tante zu Besuch.
Stellt euch vor ...
Wisst ihr schon ...
Sollen wir heute ...
Guck mal, da vorne, der Peter!
Der hat Jens schon wieder geboxt.
Aber der haut zurück.
Hast du die Rechenaufgaben alle gekonnt?
Das waren vielleicht viele!
Ob wir heute wieder so viele aufbekommen?
Da sind wir ja schon.
Guten Morgen, Herr Müller.

Marlies Böhm

1 Lest den Text im Tandem. Überlegt dabei: Was klappt schon gut? Was wollt ihr noch verbessern? >>S. 9

2 Wer begegnet sich auf dem Schulweg? Finde die Namen der Kinder.

3 Lest den Text mit verteilten Rollen oder spielt die Szene. Sprecht dabei deutlich. >>S. 185

4 Worüber könnten die Kinder noch sprechen? Ergänzt die Aussagen in den Zeilen 9, 10 und 11.

 >>S. 186: Figur

Schulweg 2

Ich hole schon mal
das Auto aus der Garage.
Deinen Ranzen
nehme ich mit.
Mach die Haustür richtig zu!
Nein, du brauchst
keinen Schirm.
Ich komme dich
ja wieder abholen.
So, steig ein.
Hinter uns,
in dem Auto,
sitzt die Ursula.
Wink ihr mal.
So, da sind wir.
Tschüss!

Marlies Böhm

1 Wer spricht in dem Text?
Überlegt gemeinsam.

2 Was soll das Kind erledigen?
Schreibe zwei Sätze auf.

3 Lest die Texte auf S. 14 und 15.
Vergleicht die unterschiedlichen Schulwege der Kinder.
Begründet, was euch besser gefällt.

4 Was verändert sich?
Lies genau.

holen	nehmen	brauchen	einsteigen
ich hole	ich nehme	du brauchst	steig ein

Der Neue

An einem Montagmorgen bringt Frau Winter, die Lehrerin mit den Sommersprossen, einen fremden Jungen in die Klasse. „Das ist Friedrich.“ Einundzwanzig Augenpaare starren ihn an. Er macht ein trotziges Gesicht und betrachtet seine Schuhspitzen. Komische Schuhe hat er an! Es sind blaue Schnürstiefel, die schon ziemlich abgenutzt aussehen. Er trägt überhaupt nur blaue Sachen. Der Anorak ist blau, die Hosen sind es und der Pullover. Und was ist das für eine seltsame Schultasche?

„Mit so was sind früher die Dinosaurier zur Schule gegangen!“ Phillip sagt das ziemlich abschätzig. Es ist ein brauner Lederranzen. Frau Winter legt tröstend den Arm um die Schultern des fremden Jungen.

„Friedrich, das ist also deine neue Klasse. Ich hoffe, du findest hier bald viele Freunde.“

Zum ersten Mal hebt der Neue den Kopf und sagt etwas. Er sagt nur ein einziges Wort: „Frrrie-de-rrrich!“ Die beiden r in seinem Namen rollt er, als schicke er einen Intercity durchs Klassenzimmer.

Er besteht darauf, Frie-de-rich zu heißen. Was für ein altmodischer Name. Genauso altmodisch wie seine Klamotten, die er trägt.

Simone macht sich über den Fremden lustig und wiederholt spöttisch: „Frrrie-de-rrrich!“ Die Klasse kichert.

Frau Winter erzählt, dass Friederich aus Russland kommt. Seine Urgroßeltern waren Deutsche. Er spricht nur wenig Deutsch. Er muss sich neben Henning setzen, neben dem sonst keiner sitzen mag. Dort sitzt Friederich und redet nur, wenn Frau Winter ihn etwas fragt.

In der Pause steht er allein herum. Er kauft keine Cola, keine Lakritze und keine Gummibärchen. Zweimal geht Frau Winter zu ihm und unterhält sich mit ihm. Sie tut, als sei der Neue etwas Besonderes.

Am Mittwoch passiert es dann. Thomas schlendert in der Pause zu Friederich hinüber, rempelt ihn an und zischt: „Weg da! Das ist mein Platz!“

Eigentlich steht Thomas immer mit Fabian und seinem Zwillingsbruder Daniel auf der anderen Seite des Schulhofes.

Der Neue macht ein trotziges Gesicht und beißt ein Stück von seinem Pausenbrot ab. Thomas überlegt nicht lange. Er weiß, dass keiner in der Klasse stärker ist als er. Ehe Friederich den Brotbissen hinunterschlucken kann, rammt Thomas ihm seine Faust in den Magen. Das hätte er besser nicht getan. Der Fremde schreit nicht einmal. Er schlägt einfach zurück. Seine Fäuste sind schnell und hart. Als die Glocke zum Pausenende läutet, wälzen sich beide auf dem Schulhof. Keiner greift ein. Schließlich boxt sich einer aus der vierten Klasse durch den Zuschauerring. „Wollt ihr euch totschlagen?“ Er greift Thomas am Pullover und Friederich am Hosenbund und zieht sie auseinander. Thomas blutet aus der Nase. Dem Friederich läuft Blut von der Augenbraue übers Gesicht. Aber beide grinsen zufrieden. Drei Tage gehen sie sich aus dem Weg. Am vierten Tag kommt Thomas dann zum Neuen und hält ihm die Hand hin. „Frieden?“ Friederich schüttelt den Kopf, schlägt aber ein. „Nein“, sagt er. „Frrriederrr!“ „Also, was seine Fäuste anbelangt“, sagt Thomas später zu Fabian und Daniel, „da ist der Frieder beinahe so gut wie ich!“

Angelika Mechtel

○ **1** Der Neue wird im Text unterschiedlich benannt. Lies die Namen vor.

◒ **2** Wie verändert sich die Beziehung zwischen Thomas und Friederich? Erzähle.

● **3** Wie hätten Friederich und Thomas den Streit anders lösen können? Begründet eure Meinungen.

● **4** Gestaltet zu der Erzählung eine Bildergeschichte.

Die Schule vor 120 Jahren

1 Was erwartest du vom Text?

Vor 120 Jahren mussten Mädchen lange Röcke mit einer Schürze darüber tragen. Sie flochten die Haare zu Zöpfen.
Die Jungen kämmten ihre Haare zur Seite und trugen oft ein Hemd mit Matrosenkragen.

Wenn der Lehrer ins Zimmer kam, mussten alle Kinder aufstehen.
Dann riefen sie laut: „Guten Morgen, Herr Lehrer!“
Die Mädchen machten einen Knicks.
Die Jungen machten einen Diener.
Wenn ein Kind aufgerufen wurde, musste es aufstehen.

Andreas Körnich

Bei einem Knicks setzt man einen Fuß etwas zurück und beugt die Knie leicht. Bei einem Diener verbeugt man sich.

2 Wie wurde der Lehrer in der Schule begrüßt?
Schreibe einen Satz dazu auf.

3 Vergleicht den Text mit den Fotos.
Findet Textstellen, die zu den Fotos passen.
Lest sie euch gegenseitig vor.

4 Erinnere dich an deine Erwartung an den Text.
Hat sie sich erfüllt? Begründe.

Klassenregeln vor 120 Jahren

1. Beim Eintritt des Schulmeisters haben die Schüler aufzustehen und denselben im Chor zu begrüßen.
2. Jeder Schüler sitzt ordentlich auf seinem Platz.
3. Jeder legt seine Hände geschlossen auf den Tisch.
4. Jeder stellt seine Füße genau nebeneinander auf den Boden.
5. Sämtliche Kinder schauen dem Schulmeister fest in die Augen.
6. Sprechen, Lachen, Flüstern, Umhergaffen, Hin- und Herrücken und Herumlaufen sind verboten.
7. Das Aufzeigen geschieht mit dem Finger der rechten Hand. Der Ellenbogen wird dabei in die linke Hand gestützt.
8. Schulbücher werden auf Kommando herausgeholt und weggeräumt: Auf „Eins“ nehmen die Kinder das Buch. Auf „Zwei“ heben sie das Buch auf den Tisch. Auf „Drei“ blicken sie dem Schulmeister wieder fest in die Augen.
9. Alle Schulsachen und das Klassenzimmer müssen stets reinlich und in Ordnung gehalten werden.

Anja Gröting

1 Welche Wörter in den Klassenregeln kennt ihr nicht? Forscht mithilfe von Lexika, Sachbüchern oder Kindersuchmaschinen nach, was sie bedeuten.

2 Vergleicht die Klassenregeln von früher mit euren Regeln. Was ist gleich, was ist anders?

3 Spielt nach, wie sich die Kinder früher verhalten mussten.

4 Welche Wörter reihen sich aneinander? Finde drei Wörter aus dem Text.

UMHERGAFFEN|HINRÜCKENHERRÜCKEN

MK Aufgabe 1

Detektiv Blitz auf Buchstabenjagd

Den ganzen Tag klingelt bei Detektiv Blitz das Handy.
Im KINO wurde das I gestohlen!
Mit seinem Roller rast Blitz zum Tatort.
Der KNO-Besitzer jammert:
„Ich muss das KNO schließen."

Detektiv Blitz sucht das KNO ab
und findet keine einzige Spur.
Wieder klingelt das Handy.
Bei der BANK ist das A geraubt worden.
Auch die POLIZEI ist beraubt worden.
Das P ist verschwunden!

Detektiv Blitz grübelt fieberhaft.
Irgendjemand klaut Buchstaben.
Aber wer? Und warum?
Da kommt der nächste Anruf.
Beim SUPERMARKT sind M und R verschwunden.

Detektiv Blitz überlegt: „Vielleicht handelt es sich gar nicht um ein Verbrechen? Die Buchstaben könnten ja selber weggelaufen sein! Aber wohin? Und wieso?"

Blitz rollert in sein Büro, um in Ruhe nachzudenken.
Er mustert seine Bürotür.
Die Buchstaben sind nicht mehr ganz vollzählig!

Blitz liest: „DETEKTI -BÜRO.
Wer hat mein V geklaut?“
Vorsichtig öffnet er die Tür.
In der Ecke hinter der Tür bewegt sich etwas.

Die verschwundenen Buchstaben!
Blitz schreit: „Halt, stehen bleiben!“
Die Buchstaben kichern.
„Du kannst uns nicht aufhalten!
Das ganze Leben nur
BANK und POLIZEI
KINO und SUPERMARKT,
das ist uns zu langweilig.
Wir wollen endlich etwas Aufregendes erleben!“

Maria Seidemann

○ **1** Weshalb klingelt bei Detektiv Blitz den ganzen Tag das Handy?
Finde drei Gründe.

○ **2** Warum sind die Buchstaben verschwunden?
Finde den passenden Satz.

○ **3** Schreibe die verschwundenen Buchstaben auf.
Bilde daraus ein Wort.

○ **4** Was wollen die Buchstaben?
Lies flüssig.

Die verschwundenen Buchstaben
Die verschwundenen Buchstaben wollen
Die verschwundenen Buchstaben wollen endlich etwas
Die verschwundenen Buchstaben wollen endlich etwas Aufregendes erleben.

nach Maria Seidemann

Herr Kratochwil kommt fast zu spät

Ich bin immer pünktlich in der Schule. Auch wenn mich ein Sturm fast vom Gehsteig weht oder es so stark regnet, dass ich auf einem Floß in die Schule fahren könnte. Dann warten wir. Wir warten auf unseren Lehrer. Denn Herr Kratochwil kommt immer – fast – zu spät.

Beim letzten Ton der Schulglocke fliegt die Tür auf, er stürzt in die Klasse und ruft: „Aufstehen! Sitzen bleiben! Guten Morgen! Na also, da sind wir ja!“ Dann schaut er uns zufrieden an. Wir rufen: „Guten Morgen!“, und einer steht auf und macht die Tür zu. Dann freuen wir uns auf die Ausrede. Herr Kratochwil steigt auf einen Stuhl. „Diese roten Socken!“, sagt er. „Könnt ihr euch das vorstellen? Wollten einfach nicht in diese Schuhe! War das ein Kampf!“

Oder er zeigt auf das Loch in seiner Jacke. „Ein Pfeil!“, ruft er aufgeregt. „Zwei Männer auf weißen Pferden. Ohne Sattel! Ich musste mich hinter einen Busch werfen. Ein Pfeil hat mich doch erwischt!“ Er holt einen abgebrochenen Pfeil aus seiner Tasche. „Was habe ich denen bloß getan?“

Es kann auch vorkommen, dass Herr Kratochwil seine Tasche ausräumt und unzählige merkwürdige Dinge auf den Schreibtisch legt. „Schaut euch das an“, sagt er begeistert. „Das habe ich alles auf dem Weg hierher gefunden! Das braucht natürlich Zeit!“

Eines Tages kam Herr Kratochwil mit einem Schwimmreifen um den Hals ins Klassenzimmer. Sein Anzug war durch und durch nass. Das Wasser rann aus seinen Schuhen. „Das Wasser im Fluss ist heute erfrischend kühl!“, sagte er.

„Was ist passiert?“, fragte ich neugierig. „Ich habe diesen Schwimmreifen gerettet!“, sagte Herr Kratochwil feierlich. „Er hatte sich in einem Baum verfangen! Nahe beim Ufer! Muss wohl der Wind gewesen sein. Ich bin hinaufgeklettert, um ihn zu holen und bin dabei ins Wasser gefallen! Aber ich habe ihn! Hier ist er! Ist das nicht ein schönes Stück?“

Wir wissen nie so genau, was **wir** von Herrn Kratochwils Geschichten halten sollen. Er wohnt nur ein paar Gassen von der Schule entfernt. Ob man auf so einem kurzen Schulweg so viel erleben kann?

Einmal kam Herr Kratochwil auf Stelzen in die Schule. Mit einem langen Schal, dicken Handschuhen und einer Zipfelmütze. Wir warteten vor der Schule, weil wir einen Ausflug machen sollten. „Ganz schön kalt hier oben“, rief uns Herr Kratochwil schon von Weitem zu.

Herr Kratochwil ist ein guter Lehrer. Alle mögen ihn. Man kann ihm gut zuhören. Das Unterrichten macht ihm Spaß. Und man muss immer mit Überraschungen rechnen. Manchmal fürchten wir, dass Herr Kratochwil einmal viel zu spät kommt. Dass er den ganzen Unterricht versäumt und gar nicht mehr in der Schule auftaucht. Aber bisher hat er es noch jeden Tag geschafft. Immer in der letzten Sekunde.

Von uns kommt schon lange keiner mehr zu spät. Schließlich will niemand die Ausreden von Herrn Kratochwil versäumen.

Heinz Janisch

○ **1** Worauf freuen sich die Kinder? Finde die entsprechende Zeile.

◒ **2** Warum mögen die Kinder ihren Lehrer? Finde Gründe im Text.

● **3** Schreibe zu dem Text in dein Lesetagebuch.

Mein Lesetagebuch

Ich habe eine Stunde Zeit.
Ich lese einen Text.
In ein kleines Heft notiere ich meine Gedanken zum Text.
Ich zeige meine Notizen meiner Lehrkraft.
Sie gibt mir Tipps oder ein Lob.

Üben

Das Bauchweh

○ **1** Welche fünf Nomen kannst du bilden?
Finde passende Silben und schreibe die Wörter auf.

Bauch-	Mut-	Ent-	-weh
-gung	-schul-	Ar-	-tat
-di-	-beit	-ter	Dik-

○ **2** Welche zwei Wörter passen nicht in die Reihe?

Bauchweh | Heimweh | Kopfweh | Halsweh | Fernweh

○ **3** Was passiert einem Kind?
Lies flüssig.

Ein Kind hat Bauchweh.

Ein Kind hat schlimmes Bauchweh.

Ein Kind hat besonders schlimmes Bauchweh.

Ein Kind hat besonders schlimmes Bauchweh wegen eines Diktats.

◒ **4** Was ist ein Diktat?
Finde die richtige Antwort.

Ein Diktat ist eine Mathematikarbeit.

Ein Diktat ist eine Turnübung.

Ein Diktat ist eine Rechtschreibübung.

Das Bauchweh

Einmal habe ich Bauchweh gehabt.
Das Bauchweh war das Diktat,
das wir an dem Tag schreiben sollten,
als ich das Bauchweh bekam.
Schon am Morgen des Tages hatte ich
ein leises Grummeln im Magen.
Ich habe zu meiner Mutter gesagt:
„Ich habe Bauchweh."
Sie hat mich gefragt:
„Schreibst du heute eine Arbeit?"
Ich habe meiner Mutter geantwortet:
„Ja, aber ich habe wirklich Bauchweh!"
Da hat mir meine Mutter
eine Entschuldigung geschrieben.
Ich bin nicht zur Schule gegangen.
Ich bin zu Hause geblieben.

nach Nasrin Siege

○ **1** Woher kommt das Bauchweh?
Finde die passenden Zeilen.

◒ **2** Wie verhält sich die Mutter gegenüber ihrem Kind?
Erzähle mit eigenen Worten.

○ **3** Welche Wörter passen nicht in die Sätze?
Lies die Sätze ohne diese Wörter vor.

Einmal keinmal habe ich Bauchweh gehabt.

Am Morgen hatte ich ein leises lautes Grummeln im Magen.

Mutter hat mir eine keine Entschuldigung geschrieben.

Ich bin zu Hause geschrieben geblieben.

>> S. 188: Nasrin Siege

Das Bauchweh

Einmal habe ich Bauchweh gehabt. Das Bauchweh war das Diktat, das wir an dem Tag schreiben sollten, als ich das Bauchweh bekam. Als ich morgens aufwachte, hatte ich schon ein leises Grummeln im Magen. „Ich habe Bauchweh“, habe ich zu meiner Mutter gesagt. Sie hat mich gefragt: „Schreibst du eine Arbeit heute?“ Ich kann nicht lügen, höchstens mal ein bisschen flunkern. Aber dann kriege ich auch Bauchweh. Also lass ich das lieber sein. „Ja, aber ich hab wirklich Bauchweh!“, habe ich zu meiner Mutter gesagt. Da hat sie mir eine Entschuldigung geschrieben. Ich bin nicht zur Schule gegangen. Ich bin zu Hause geblieben. Mutter hat mir eine Suppe gemacht und mit mir Diktat geübt.

nach Nasrin Siege

○ **1** Woher kommt das Bauchweh? Finde die passenden Zeilen.

◒ **2** Wie verhält sich die Mutter gegenüber ihrem Kind? Erzähle mit eigenen Worten.

○ **3** Was steht im Text? Finde die richtigen Sätze. Die Buchstaben dahinter ergeben das Lösungswort. Wie heißt es? Schreibe es auf.

Das Ich hatte Halsweh.	F
Das Ich hatte Bauchweh.	G
Das Ich hatte keine Angst vor einem Diktat.	V
Das Ich hatte Angst vor einem Diktat.	U
Das Ich übte mit der Tante.	S
Das Ich übte mit der Mutter.	T

>>S. 188: Nasrin Siege

Das Bauchweh

Einmal habe ich Bauchweh gehabt.
Das Bauchweh war das Diktat, das wir an dem Tag,
an dem ich das Bauchweh bekam, schreiben sollten.
Als ich morgens aufwachte, hatte ich schon ein leises Grummeln im Magen.
„Ich habe Bauchweh“, habe ich zu meiner Mutter gesagt.
„Schreibst du eine Arbeit heute?“, hat sie mich gefragt.
Ich kann nicht lügen, höchstens mal ein bisschen flunkern.
Aber dann kriege ich auch schon wieder Bauchweh. Also lass ich das lieber sein.
Dann schon lieber Bauchweh, weil ich irgendeine Arbeit schreibe.
„Ja, aber ich hab wirklich Bauchweh!“, habe ich zu meiner Mutter gesagt.
Da hat sie mir eine Entschuldigung geschrieben.
Ich bin nicht zur Schule gegangen, Mutter hat gesagt, dass ich lieber zu Hause bleiben soll, und sie hat mir eine Suppe gemacht und mit mir Diktat geübt.
Als ich am nächsten Morgen zur Schule gegangen bin,
hab ich kein Bauchweh mehr gehabt.
Der Lehrer war auch krank gewesen.
Er hatte auch Bauchweh gehabt.
Er sagte, er hätte etwas Schlechtes gegessen.
Dann hat er die Arbeit
mit uns allen nachgeschrieben,
und ich hab nur wenige Fehler gemacht.
Seitdem hab ich kein Bauchweh mehr
vor einer Arbeit.
Mutter sagt, auch Bauchweh
muss man mal haben.
Man muss nur wissen, warum.

nach Nasrin Siege

○ **1** Woher kommt das Bauchweh? Finde die passenden Zeilen.

◒ **2** Wie verhält sich die Mutter gegenüber ihrem Kind? Erzähle mit eigenen Worten.

● **3** Wer könnte das Ich sein? Tauscht euch darüber aus.

>>S. 188: Nasrin Siege

Schlüsselwörter finden

Anna, genannt Humpelhexe

Sieben Hasensprünge hinter dem Ende der Welt, in einem Wald, wo die Kiefern weiße Blätter und die Birken schwarze Nadeln tragen, liegt heute noch eine Hexenschule.
In diese Hexenschule ging auch Anna Humpelbein. Eigentlich hieß sie ja nur Anna, aber weil ihr rechtes Bein länger als das linke und ihr linkes Bein kürzer als das rechte war, nannten sie ihre Mitschüler und Lehrer eben „Anna Humpelbein"…
Nun lernte sie auf den Händen gehen. Da ist ja nun nicht weiter viel dabei, und Menschenkinder genug, so Trine und Bine, beherrschen die Kunst fabelhaft. Sie laufen da einfach mit den Sohlen nach oben und dem Scheitel nach unten und sehen die Welt verkehrt und gewöhnen sich dran.
Doch wenn Hexen einmal die Welt verkehrt anschaun, wird die Welt tatsächlich verkehrt. Anna merkte es, als sie einmal auf den Händen lief und ein Fuchs einen Hasen jagte. Das heißt: Der Fuchs hatte den Hasen gejagt, als Anna auf beiden Füßen lief.
Da sie dann aber auf die Handflächen wechselte und die Welt nun verkehrt herum sah, wurde plötzlich auch die Welt verkehrt, und nun jagte der Hase den Fuchs. Sie probierte es noch einmal bei einem Marder und einem Eichhörnchen aus, und wieder jagte der Nager den Räuber.
Das ist ja aufregend!, dachte Anna. Und sie dachte: Heut Nacht ist was los!

Franz Fühmann

So kannst du Schlüsselwörter finden

Schlüsselwörter nennt man die wichtigen Wörter in einem Satz oder einem Text, die helfen, den Text zu verstehen. So kannst du sie finden:

1. Lies die Überschrift und den Text genau.
   Betrachte vorhandene Bilder.

2. Überlege, worum es in dem Text geht.

3. Welche Wörter oder Wortgruppen helfen dir, den Text zu verstehen?
   Finde sie.
   Tausche dich mit deinem Partner aus.

4. Gib den Text mithilfe deiner Schlüsselwörter wieder.
Lass dir Rückmeldungen geben, zum Beispiel Tipps oder ein Lob.

Gesund und munter

Ich

Ich kann rennen
tanzen springen
kann ein Lied
mit sieben Strophen
singen

Ich kann weinen
und kann lachen
kann Handstand und
ein bisschen Salto
machen

Ich kann verstehen
was du meinst
kann dich trösten
wenn du
weinst

Ich kann dir
Pfannekuchen backen
und wenn du müde bist
dann kraul ich deinen
Nacken

Anne Steinwart

○ **1** In welchen Strophen spricht das Ich zu einer anderen Person? Lies die passenden Verse deinem Partner vor.

◐ **2** Das Ich kann viele Sachen. Welche davon kannst du? Erzähle deinem Partner davon. Du kannst auch ein Bild dazu malen.

● **3** Schaut euch das Gedicht genau an. Worauf hat die Autorin verzichtet? Überlegt.

>>S. 186: Autor, Gedicht/Strophe/Vers

Gedicht vom Ich

Ich bin ich.
Na klar, oder nicht?
Ich bin ich
kann jeder Mensch sagen.
Aber wer oder was ist denn nun ein Ich?
Schon bin ich mittendrin im Fragen.
Wo fängt Ich an?
Wo hört Ich auf?
Ist Ich immer gleich,
ob ich sitz oder lauf?
Ist mein Körper das Ich
oder steckt's mittendrin?
In der Brust, im Herzen
oder unten im Bauch?
Im Kopf, im Verstand,
sitzt es ganz obendrauf?
Oder wohnt es mitten in meinen Gefühlen?
Oder schneidet mir der Friseur
klipp klapp
einfach von meinem Ich etwas ab?

Fredrik Vahle

Ich

Ich stehe
manchmal
neben mir
und sage
freundlich
DU zu mir
und sag
DU bist
ein Exemplar
wie keines
jemals
vor dir war
DU bist
der Stern
der Sterne
das hör ich
nämlich gerne

Jürgen Spohn

1 Welche Fragen in dem Gedicht von Fredrik Vahle findest du besonders wichtig? Schreibe die allerwichtigste auf.

2 Welche eigenen Antworten auf die Fragen in Fredrik Vahles Gedicht findet ihr?

3 Warum ist in Jürgen Spohns Gedicht „DU" dreimal großgeschrieben? Tauscht euch darüber aus.

4 Wie sieht sich das Ich in den Gedichten auf S. 30 und 31? Vergleicht.

>> S. 186: Gedicht / Strophe / Vers

Luise Berg steht vor dem Spiegel

und kämmt sich einen Strubbeligel.
Weit steckt sie ihre Zunge raus
und zieht dabei die Stirne kraus.
Sie dreht dem Spiegelbild 'ne Nase
und schnüffelt wie ein Osterhase.
Sie klappt die Ohren ins Gesicht.
Wie sie das macht? Ich weiß es nicht!

Bernd Lunghard

Tauschen

Ich bin heute du, Anette.
Du bist ich, der Klaus.
So mit deiner Armbandkette
seh ich echt fast aus.

Lange Haare hab'n wir beide,
schön sind wir, wir zwei.
Du in Hosen, ich im Kleide,
was ist schon dabei?

Michael Kumpe

Der Spiegel

Es sieht sich Paul im Spiegel an
fünf Tage lang.

Fünf Tage lang
sieht sich der Paul im Spiegel an.

Fünf Tage lang
kann man den Paul im Spiegel sehn.

Am sechsten sagt der Spiegel:
Paul ist schön.

Peter Maiwald

1 Welches Bild passt zu welchem Gedicht? Ordne zu.

2 Male zu einem der Gedichte ein eigenes Bild.
Lass deinen Partner das Gedicht erraten.

3 Lest das Gedicht „Tauschen". Stellt euch vor, einen Tag lang
mit einem Jungen oder einem Mädchen zu tauschen.
Was könnte anders sein?

>>S. 186: Gedicht / Strophe / Vers

Sich dünn machen

dünn
dünndü
dünn
dü
nn
nn dü nn
dü dü nn dü
nn nn dü nn
dü dü nn dü
nn nn dü nn
dü nn dü
dü nn
nn dü
dü
nn
dü dü dünn
nn nn nn
dü dü dü
nn nn nn
dü dü dü
nn nn
dü
nn
dü
dünn 2010

Wolfgang Buschmann

Längenunterschied

„Falls ich etwas größer wäre,
pickte ich dich in den Hals“,
sprach der Igel zur Giraffe.
Die Giraffe sagte: „Falls.“

James Krüss

1 Erklärt, warum der Autor für „Sich dünn machen“ diese Form gewählt hat.

2 Warum sprechen Igel und Giraffe von „Falls“? Tauscht euch darüber aus.

Rätsel

Du gehst mit ihm oft durch die Wand.
Manchmal steckst du ihn in den Sand.
Dann gib es Zeiten, da raucht er dir.
Und Zeiten, da zerbrichst du ihn dir.

Gerda Anger-Schmidt

Du hast es auf dem richtigen Fleck.
Oft fällt dir ein Stein davon runter.
Du schüttest es manchmal bei mir aus.
Gestern fiel es dir gar in die Hose.

Gerda Anger-Schmidt

3 Löse die Rätsel.

>>S. 186: Autor

Ein Märchen

Es war einmal ein Prinz, weit drüben im Märchenlande. Weil der nur ein Träumer war, liebte er es sehr, auf einer Wiese nahe dem Schlosse zu liegen und träumend in den blauen Himmel zu starren. Denn auf dieser Wiese blühten die Blumen größer und schöner wie sonst wo.

Und der Prinz träumte von weißen, weißen Schlössern mit hohen Spiegelfenstern und leuchtenden Söllern*. Es geschah aber, dass der alte König starb. Nun wurde der Prinz sein Nachfolger. Und der neue König stand nun oft auf den Söllern von weißen, weißen Schlössern und mit hohen Spiegelfenstern.

Und träumte von einer kleinen Wiese, wo die Blumen größer und schöner blühten denn sonstwo.

Bertolt Brecht

◒ **1** Lest den Text im Tandem. Überlegt dabei: Was klappt schon gut? Was wollt ihr noch verbessern? >>S. 9

○ **2** Finde den roten Faden und erzähle den Text anhand des roten Fadens nach. >>S. 47

○ **3** Wovon träumt der Prinz, als er König ist? Was stellt ihr fest?

● **4** Warum träumt der neue König von der kleinen Wiese? Begründe deine Meinung.

* Söller: Balkon

Kindertraumboot

Ich hab einmal
ein Haus gesehen,
das stand
in einem Boot
und schwamm darin
den Fluss hinab
und war
ganz leuchtend rot.

In diesem Haus,
da säße
ich gerne lange Zeit
und schaute
aus dem Fenster
in meinem
schönsten Kleid.

Den Leuten
fern am Ufer
winkte ich
fröhlich zu.
Und wenn es
langsam
dunkel wird,
macht' ich
die Läden zu.

Dann segelte
mein Häuschen
mit mir
als leichter Fracht
durch meine
Kinderträume
die ganze,
lange Nacht.

Max Kruse

○ **1** Wo befindet sich das Ich in seinem Traum? Schreibe einen Satz.

● **2** Male den Traum des Kindes.

● **3** An welchen Ort möchtet ihr euch träumen? Tauscht euch darüber aus.

○ **4** Wie verändern sich die Wörter? Lies genau.

Traum	träumen
Kindertraum	Träumer
Kinderträume	Träumerin
Kindertraumboot	Träumerei

Ich wünsche mir von einer Fee

„Was würdest du dir von der Fee wünschen?“, fragt Alexander Ines, als sie zur Musikschule gehen.

Sie antwortet: „Ich möchte, dass mich die anderen mögen.“

„Das tun sie doch schon. Alle lieben dich. In der Klasse bist du die Beste.“

„Manche hassen mich. Sie nennen mich Streberin und sehen mich immer so komisch an.“

„Die sind neidisch.“

„Ja, aber das ist nicht meine Schuld.“

Alexander hat keine Idee, wie er Ines helfen kann. Und je länger er nachdenkt, desto überzeugter ist er: Geliebt zu werden erfordert Arbeit. Man muss nett und hilfsbereit sein, lächeln, andere zum Lachen bringen, sympathisch sein.

Oder kann man einfach so geliebt werden? Wegen nichts?

Beim Essen fragt Alexander seine Familie, was sie sich wünscht.

„Ich wünsche mir eine gute Nacht mit viel Schlaf“, verkündet Alexanders Vater. Er leidet unter Schlaflosigkeit.

„Und ich wünsche mir Glück“, sagt seine Mutter.

„Glück? Aber du schwimmst doch schon in Glück! Ständig sagst du, dass du einen guten Mann, tolle Kinder, eine gute Arbeit und ein hübsches Haus hast.“

„Ich hätte das alles gern geschenkt. Ohne dass ich es mir verdienen muss. Arbeit macht keinen Spaß!“

Immer wieder hört Alexander dasselbe Wort: Arbeit.

Für ALLES muss man arbeiten – selbst für das Glück.

Auf einmal hat Alexander eine Idee, worum er die Fee bitten könnte.

Er schreibt sie auf und steckt den Zettel in seine Tasche.

Susie Morgenstern

○ **1** Was würde sich Ines von einer Fee wünschen? Schreibe die Antwort auf.

◒ **2** Kann man einfach so geliebt werden? Wegen nichts? Tauscht euch darüber aus.

● **3** Vermutet, was Alexander auf seinen Zettel schreibt.

Kinderwerte – Was ist für Kinder im Leben wichtig?

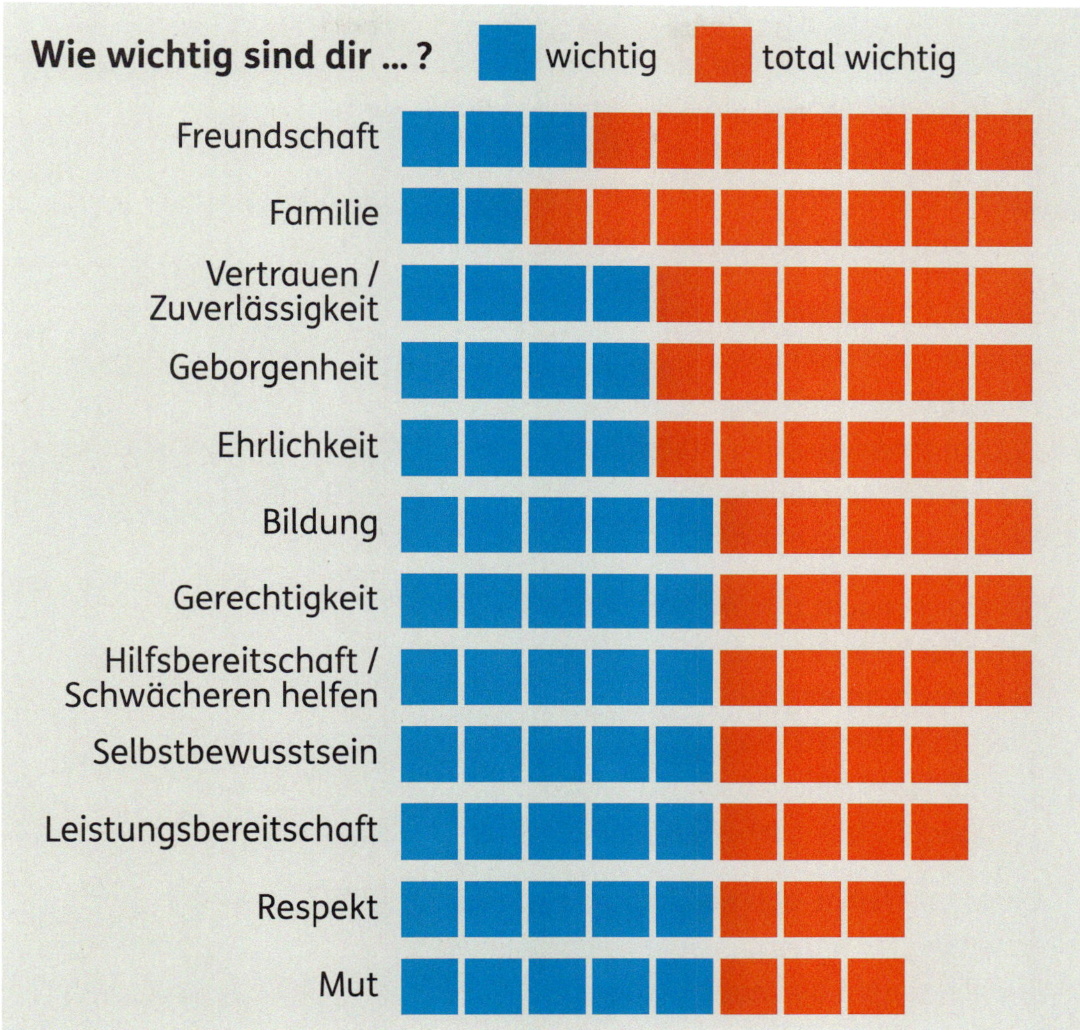

Befragt wurden 1012 sechs- bis 14-jährige Kinder.

○ **1** Betrachte das Schaubild. Was erfährst du über die Bedeutung von Freundschaft und Familie? Vergleiche die Balken.

◒ **2** Vermutet, warum die Werte Respekt und Mut für die Kinder weniger wichtig sind.

● **3** Welche Werte sind für dich wichtig? Schreibe sie auf.

Mutig, mutig

1 Vermute, was in der Erzählung geschehen könnte.

Die Maus, die Schnecke, der Frosch und der Spatz sitzen am Ufer des Weihers. Die Maus ist da, weil sie nicht wusste, wohin sie sonst gehen sollte. Die Schnecke ist da, weil die Maus da ist. Der Frosch ist einfach auf einen Sprung vorbeigekommen … … und der Spatz will wissen, was die anderen hier tun.

„Ja, ja …“, sagt die Schnecke, und die anderen nicken. Endlich fällt dem Frosch etwas ein: „Wir machen einen Wettkampf, wer von uns am mutigsten ist.“ „Gute Idee!“ – „Sehr gute Idee!“ – „Super Idee!“

Die Maus macht den Anfang: „Ich tauche bis zum anderen Ufer und wieder zurück.“ Der Frosch tut enttäuscht: „So ein Quak. Das hat nichts zu tun mit Mut! Das ist doch ein Vergnügen.“ „Ich bin doch kein Frosch. Für eine Maus ist das völlig verrückt.“ „Schongutschongut!“, beruhigt der Spatz.

Die Maus macht sich bereit, holt tief Luft, ganz tief und springt ins Wasser und ist weg. Endlich taucht die Maus wieder auf. Der Frosch hilft ihr aus dem Wasser und gratuliert: „Mutig, mutig! Du bist eine tolle Taucherin.“

Nun ist der Frosch dran. „Ich fresse heute keine mickrige Mücke und keine flinke Fliege“, sagt er, „ich fresse eine ganze Seerose!“

Die Schnecke tut enttäuscht: „Das ist überhaupt nicht mutig! Ich fresse täglich Grünzeug!“ „Du schon“, sagt der Frosch und ist beleidigt. „Aber für mich als Frosch braucht das viel Mut!“ „Schongutschongut!“, beruhigt die Maus.

Der Frosch springt in den Teich, sucht sich eine Seerose aus und … würgt sie hinunter mit Stumpf und Stiel. Nach dem letzten Bissen nickt die Schnecke anerkennend: „Mutig, mutig! Das ist wirklich etwas ganz Besonderes."

Jetzt ist die Schnecke dran. Sie räuspert sich und sie spricht: „Ich werde jetzt aus meinem Haus herauskommen und um mein Schneckenhaus herumkriechen, ganz ringsum, und erst dann wieder mein Haus anziehen." Der Spatz tut enttäuscht: „Ist doch überhaupt nicht mutig. Ich habe meine Eierschale schon am ersten Tag abgestreift." „Schongutschongut!", beruhigt die Maus. „Ein Ei ist kein Schneckenhaus."

Die Schnecke kriecht heraus, kriecht um das ganze Haus herum und zwängt sich langsam wieder ins Haus hinein. Der Spatz ist begeistert: „Mutig, mutig! So etwas hat die Welt noch nie gesehen."

Jetzt sehen alle gespannt den Spatz an. Denn jeder weiß: Spatzen sind frech und mutig. Der Spatz trippelt hin und her. Und … her und hin … „Nun … Nun, also … Nun, also, ich … Nun, also, ich mach … ich mach nicht mit."

Endlich begreift die Maus. Dann begreift der Frosch. Schließlich begreift die Schnecke. Und alle jubeln: „Ja, das ist Mut!"

Lorenz Pauli

2 Welchen Wettkampf bestreiten die Tiere? Finde die passenden Zeilen.

3 Finde den roten Faden und erzähle den Text anhand des roten Fadens nach. >>S. 47

4 Wer ist der Mutigste von allen? Tauscht euch darüber aus.

5 Erinnere dich an deine Vermutung. Hat sie sich bestätigt? Begründe.

>>S. 186: Buch

Rezept gegen Wut

Gegen Wut
ist Zähneputzen gut.
Also, um die Fünf in Singen
in Vergessenheit zu bringen:
1. Deckel von der Tube
   und drei extralange Würste auf die Bürste.
2. Deckel auf die Tube.
3. Schäumen. Weiß und weißer
   erglänzen die gefletschten Beißer.
4. Häschen in der Grube
   gurgeln. (Oder das bewusste Lied.)
5. Laut und ungezogen
   ausgespuckt! Im hohen Bogen!

Zeigt einmaliges Zähneputzen
nicht gleich den gewünschten Nutzen,
wiederhol es in den Abendstunden,
und du lächelst Blitze. Jeder sieht:
Wut – verschwunden.

Günter Saalmann

○ **1** Was empfiehlt der Autor gegen Wut? Beschreibe mit eigenen Worten.

● **2** Welches andere Rezept gegen Wut kennt ihr? Tauscht euch darüber aus.

Gewalt

Auf der Welt gibt es ein großes Problem, das heißt Gewalt.
Gewalt kann zum Beispiel eine Schlägerei sein.
Oder wenn man jemanden mit einer Nadel sticht ...
oder mit einem Messer.
Andere Leute anschreien kann auch Gewalt sein.
Es gibt Gewalt, die kann man weder hören noch sehen ...
wie zum Beispiel die Umweltzerstörung.
Das ist Gewalt gegen die Erde.

Pernilla Stalfelt

Das Gegenteil von Gewalt

Das Gegenteil von Gewalt kann sein:
Wenn man jemandem übers Haar streicht.
Wenn man jemandem die Hand hält.
Wenn man jemandem hilft, der es schwer hat.
Wenn man etwas verschenkt, von dem man reichlich hat.
Wenn man einen Kompromiss* schließt.

Pernilla Stalfelt

1 Was kann Gewalt sein? Wähle ein Beispiel für Gewalt aus dem Text aus. Erzähle dazu.

2 Wählt ein Beispiel für das Gegenteil von Gewalt aus dem Text aus. Begründet, warum es Gewalt besiegen kann.

3 Wer kann euch bei Gewalt helfen? Tauscht euch darüber aus.

*Kompromiss: eine Einigung zwischen Personen mit unterschiedlichen Meinungen finden

Üben

Voller Einsatz auf einem Bein

1 Welche Ballsportarten kennst du?
Lies zügig. Achte auf die richtige Aussprache.

Basketball – Fußball – Handball – Baseball – Wasserball – American Football – Volleyball – Rugby – Hockey

2 Wer ist Adam?
Lies flüssig.

ein Achtjähriger
ein normaler Achtjähriger
ein normaler, schneller Achtjähriger
ein normaler, schneller, ehrgeiziger Achtjähriger

3 Was ist besonders an Adam?
Lies flüssig.

Adam
Adam ist
Adam ist auf einem Bein
Adam ist auf einem Bein oft schneller
Adam ist auf einem Bein oft schneller als seine Mitspieler.

4 Welches Wort passt nicht?
Lies genau und berichtige die Sätze.

Adam turnt spielt fast jedes Wochenende Baseball.

Adams Motto Lotto lautet: Mache das, was du kannst.

Voller Einsatz auf einem Bein

Dem achtjährigen Adam fehlt ein Bein. Als er ein Jahr alt war, hatte er Krebs. Die Amputation* seines linken Beines war damals seine Rettung. Trotzdem spielt Adam für ein Baseball-Team in den USA. Er ist auf einem Bein oft schneller als seine Mitspieler. Manchmal mit Krücken, manchmal hüpfend auf einem Bein. Er fühlt sich durch seine Behinderung nicht benachteiligt. Einige Sportarten kann Adam zwar nicht ausüben, aber neben Baseball begeistert er sich auch für Fußball und American Football. Adams Motto lautet: Konzentriere dich auf das, was du kannst!

unbekannter Verfasser

○ **1** Welche Sportarten findet Adam spannend, auch wenn er sie nicht ausüben kann? Lies nach.

◒ **2** Wie setzt Adam sein Motto in seinem Sport um? Erklärt.

○ **3** Welcher Satz trifft nicht auf Adam zu? Finde und berichtige ihn.

Adam spielt in einem Baseball-Team.
Adam lebt in den USA.
Adam fühlt sich benachteiligt.

*Amputation: Entfernung eines Körpergliedes

Voller Einsatz auf einem Bein

Wie macht Adam das bloß? Dem Achtjährigen fehlt ein Bein. Als Adam ein Jahr alt war, erkrankte er an Krebs. Die Amputation* seines linken Beines war damals seine Rettung. Trotzdem ist Adam Stammspieler eines Baseball-Teams in den USA. Adam ist auf einem Bein oft schneller als seine Mitspieler. Der Junge hechtet zum Ball, schwingt den Schläger und kämpft um jeden Punkt. Manchmal mit Krücken, manchmal hüpfend auf dem rechten Bein. Adam fühlt sich durch seine Behinderung nicht benachteiligt. „Ich bin ein ganz normaler Junge“, sagt er. „Ich mache viele Dinge eben nur ein bisschen anders als andere.“ Sportarten wie Inlineskaten oder Fahrradfahren kann Adam nicht ausüben. Aber neben seinem Hobby Baseball begeistert sich Adam für Fußball, American Football und Ringen. Adams Motto lautet: Konzentriere dich auf das, was du kannst!

unbekannter Verfasser

○ **1** Welche Sportarten findet Adam spannend, auch wenn er sie nicht ausüben kann? Lies nach.

◒ **2** Wie setzt Adam sein Motto in seinem Sport um? Erklärt.

○ **3** Welche Wörter passen nicht in die Reihe? Lies genau.

Ich finde zwei Wörter.

HandballFußballWasserballSilvesterballBaseballZufallTischtennisball

*Amputation: Entfernung eines Körpergliedes

Voller Einsatz auf einem Bein

Wie macht Adam das bloß? Dem Achtjährigen fehlt ein Bein. Trotzdem läuft er fast jedes Wochenende als Stammspieler eines Baseball-Teams aus Lexington im US-Bundesstaat Kentucky auf. Der Junge hechtet zum Ball, schwingt den Schläger und kämpft um jeden Punkt. Manchmal mit Krücken, manchmal hüpfend auf dem rechten Bein. Er war erst ein Jahr alt, als ihm das linke Bein amputiert* wurde. Adam hatte Krebs. Die Operation war damals seine einzige Chance – und seine Rettung. Mittlerweile ist er auf einem Bein oft schneller unterwegs als viele seiner Mitspieler. Eine Prothese** möchte der ehrgeizige Sportler nicht tragen. „Das habe ich schon ausprobiert“, erzählt er. „Aber damit bin ich einfach zu langsam.“ Benachteiligt fühlt sich Adam durch seine Behinderung nicht. „Ich bin ein ganz normaler Junge“, sagt er. „Ich mache viele Dinge eben nur ein bisschen anders als andere.“ Hobbys wie Inlineskaten, Eislaufen oder Fahrradfahren scheiden zwar für ihn aus. Dennoch spielt Adam nicht nur erfolgreich Baseball: Als Ringer wirft er regelmäßig Gegner auf die Matte und begeistert sich noch dazu für Fußball und American Football – ganz nach seinem Motto: Konzentriere dich auf das, was du kannst!

unbekannter Verfasser

○ **1** Welche Sportarten findet Adam spannend, auch wenn er sie nicht ausüben kann?
Lies nach.

◒ **2** Wie setzt Adam sein Motto in seinem Sport um?
Erklärt.

● **3** „Ich bin ein ganz normaler Junge“, sagt Adam.
Erkläre, was er meinen könnte.

* amputiert: ein Körperglied wird entfernt
** Prothese: hier Beinersatz

Den roten Faden einer Erzählung finden

Eltern tauschen

Anne und Katharina treffen sich wie jeden Dienstag vor dem Eingang der Turnhalle. Katharina muss zum Judo und Anne zum Ballettunterricht. „Ich würde viel lieber Ballett machen“, gesteht Katharina sehnsuchtsvoll. „Aber meine Eltern wollen das nicht.“ „Und ich habe viel mehr Lust auf Judo“, antwortet Anne geknickt. „Aber das wollen meine Eltern nicht.“ Katharina begleitet Anne in die Umkleidekabine. Hübsche Trikots* haben die Mädchen an, und Schläppchen mit glänzenden Bändern. Katharina findet ihren Judoanzug richtig langweilig dagegen. „Wir können doch unsere Eltern tauschen“, überlegt Katharina laut. „Dann kannst du zum Judo gehen und ich zum Ballett.“ „Ich glaube, Eltern tauschen geht nicht“, seufzt Anne. Und nach einer kleinen Pause sagt sie: „Aber Unterricht tauschen, das geht!“ Gesagt, getan. Von nun an geht Katharina zum Ballett und Anne trainiert in der Judoschule. Beide finden es richtig super. Anne macht sogar heimlich die Prüfung für den gelben Gürtel. Doch dann entdeckt Katharinas Mutter das Tutu** in Katharinas Zimmer. Und die Einladung zur großen Ballettaufführung. Jetzt muss Katharina gestehen, dass sie mit Anne den Unterricht getauscht hat. Prompt folgt ein saftiges Donnerwetter! Aber Katharinas ersten Auftritt lassen sich ihre Eltern nicht entgehen. Auch Anne und ihre Eltern sind gekommen. Der Bühnenvorhang geht auf und elf kleine Elfen tanzen herbei. Die Zuschauer klatschen begeistert, als die Elfen die gute Fee befreit haben. Auch Katharinas Eltern sind stolz auf ihre kleine Ballerina. Klar darf Katharina weiterhin tanzen, und Anne übt für ihren nächsten Gurt.

Christina König

*Trikot: Sportbekleidung, hier Ballettanzug, du sprichst: „Triko“

**Tutu: Ballettkostüm mit Tüllrock, du sprichst: „Tütü“

>> S. 186: Erzählung/Erzähler

So kannst du den roten Faden einer Erzählung finden

1. Lies den Text genau.

2. Finde Schlüsselwörter und markiere sie. >>S. 29

3. Schreibe die Schlüsselwörter auf Kärtchen.

4. Befestige die Kärtchen mit Klammern an einem roten Faden. Beachte die Reihenfolge.

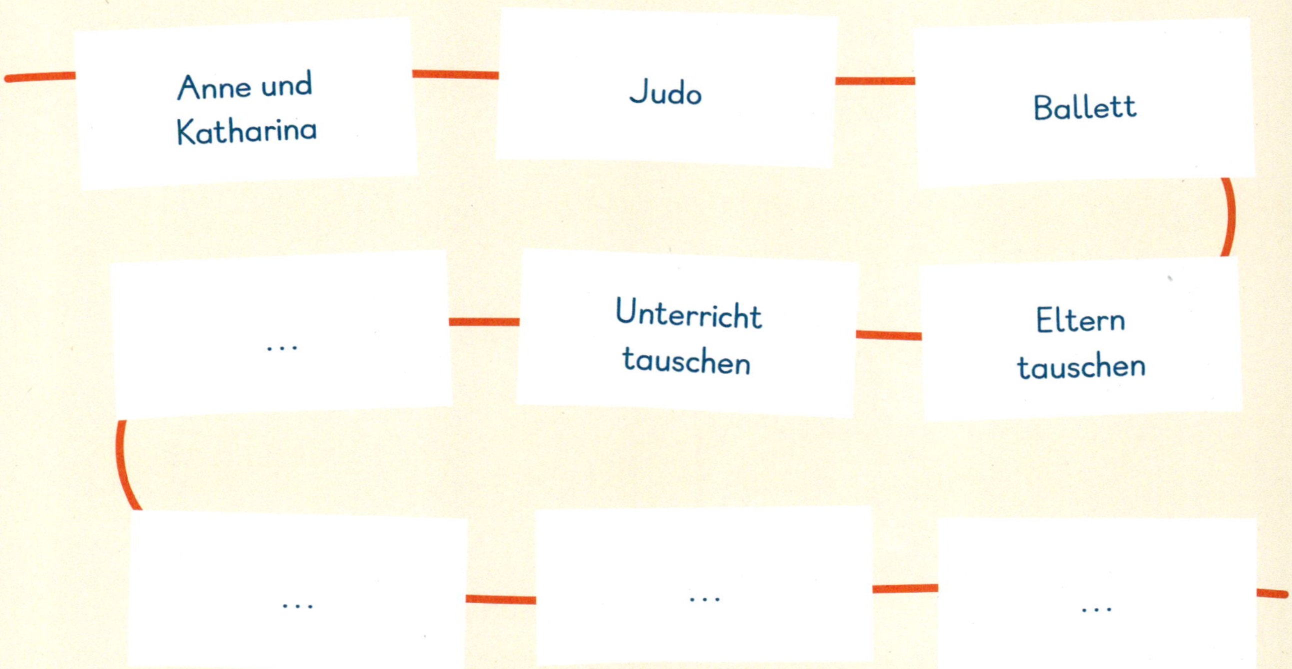

5. Erzähle nun die Handlung nach. Du kannst sie auch aufschreiben. Die Kärtchen helfen dir, den Faden zu behalten. Lass dir Rückmeldungen geben, zum Beispiel Tipps oder ein Lob.

>>S. 187: Handlung

Du und ich und wir

Vom Nehmen und Geben

Ich möchte dich an der Hand nehmen,
in den Arm nehmen,
ernst nehmen,
beim Wort nehmen,
auch mal auf den Arm nehmen
und dich nehmen,
wie du bist.
Ich möchte dir Wurzeln geben,
Wärme geben
Kraft geben,
Freiraum geben
und,
wenn es Zeit wird,
Flügel geben.

Gerda Anger-Schmidt

Mit dir

Mit dir würde ich
über das Wasser gehen,
wenn du mir die Hand gibst
und sagst: Komm!
Mit dir würde ich
über das Wasser gehen
nach Amerika oder Indien
zu Fuß
über das Wasser, und ich glaube,
wir sind schon unterwegs.

Friedl Hofbauer

1 Wer könnten das Ich und das Du in den Gedichten sein? Tauscht euch darüber aus.

2 Welche Verse der Gedichte sind für dich besonders wichtig? Begründe deine Meinung.

 >> S. 186: Gedicht / Strophe / Vers

Wer sind wir?

WIR sind meine beste Freundin und ich.
WIR sind meine Familie und ich.
WIR sind meine Mannschaft und ich.
WIR sind meine Klasse und ich.
WIR sind aber auch alle Menschen,
die in meiner Straße, in meiner Stadt, in meinem Land
auf unserer Erde wohnen.

Saskia Ruff

1 Wer ist mit WIR im Gedicht gemeint? Lies nach.

2 Wer gehört für dich zum WIR? Zähle auf.

Freunde

Freunde braucht man für tausend Sachen.
Freunde braucht man, um Quatsch zu machen.
Freunde sind da, heute und morgen.
Wer einen Freund hat, der hat nur halb so viel Sorgen.
Eine Freundin geht mit auf Abenteuer.
Zusammen verjagt man Ungeheuer
und spielt gemeinsam Drachenschwanzjagen,
dann scheint die Sonne sogar an Regentagen.

Lea Hector

3 Wofür braucht man Freunde?
Finde passende Textstellen und lies sie flüssig.

4 Wie verstehst du den letzten Vers des Gedichts? Erkläre.

5 Tragt euch das Gedicht gegenseitig betont vor.
Gebt euch Tipps zu eurem Sprechen.

6 Schreibe zu „Freunde“ eine Erzählung.

>> S. 186: Erzählung / Erzähler, Gedicht / Strophe / Vers

Die gute Taube

Es war ein warmer Sommertag. Auf einem Baum saß eine Taube und gurrte zufrieden. Plötzlich fiel ihr Blick auf ein Häschen, das still vor sich hinweinte. Voll Mitleid fragte da die Taube: „Warum bist du traurig, Häschen?“ – „Ach, Taube, ich bin so hungrig! Und ich habe solches Verlangen nach zarten, jungen Karotten.“ „Warum isst du keine Karotten, Häschen?“, fragte die Taube. „Ach weißt du“, jammerte das kleine Häschen, „mein Herr ist ein arger Geizhals. Er hat einen ganzen Korb voll wunderbarer Karotten. Doch er hat mir nicht eine gegeben. Denk dir nur, er hat den Korb in seinem Haus an die Decke gehängt, damit ich ihn nur ja nicht erreichen kann. So ein Geizhals ist mein Herr!“ Die Taube, die ein gutes Herz hatte, überlegte einen Augenblick, dann sagte sie: „Zeig mir den Korb, Häschen. Ich will sehen, ob es nicht einen Weg gibt, dir zu helfen.“ Da hoppelte das Häschen davon und die Taube flog hinter ihm her, direkt in das Haus des Geizhalses. Dort hing, so wie das Häschen gesagt hatte, ein Korb voll wunderbarer, saftiger Karotten von der Decke. Die kluge Taube flog auf den Korb, setzte sich auf eine Seite, sodass der Korb ein wenig kippte und ein paar Karotten herausfielen. Unter dem Korb saß das Häschen und begann gierig die Karotten zu mümmeln. Vor Aufregung zitterten dem kleinen Kerl die langen Schnurrhaare.

Als das Häschen die Karotten verzehrt hatte, brachte die Taube den Korb abermals zum Kippen. Und wieder fielen Karotten zu dem Häschen hinunter. So ging das eine ganze Weile. Schließlich fragte die gute Taube: „Bist du nun satt, Häschen?“ „Ja“, erwiderte das Häschen, „und ich danke dir.“

Da flog die Taube auf und kehrte zu ihrem Baum zurück. Das Häschen aber dachte: „Es ist gut, in schlechten Zeiten einen echten Freund zu haben!“

bearbeitet und übersetzt von Abdalhafiz Mohammad und Elinor Mohammad

Sind alle Türen dir verschlossen,
dann klingle doch bei mir.
Bei mir ist immer offen,
gemeinsam schaffen wir's!

unbekannter Verfasser

1 Welche Textstellen passen zu den Bildern? Vergleiche.

2 „Es ist gut, in schlechten Zeiten einen echten Freund zu haben!“
Worin zeigt sich das in der Erzählung und in dem Spruch?
Gebt es mit eigenen Worten wieder.

3 Wie findet ihr die Erzählung: lustig, traurig, langweilig, spannend …?
Tauscht euch darüber aus.

4 Lest die Erzählung mit verteilten Rollen.
Ihr könnt sie auch spielen. >> S. 185
Gebt euch Rückmeldungen zum Lesen und Spielen.

>> S. 186: Erzählung / Erzähler

Bulli, Malli und der Neue

Bullis Geschichte

Bulli ist der Stärkste in der Schule. Er hat unheimlich viele Freunde und findet sich total cool. Also ganz anders als der Neue. Der Neue kommt vom Planeten Ekis. Und so sieht er aus: rote Haare und eine ganz lange Nase, igitt! Dazu spricht er ganz leise und KÖMISCH. „Hey, Honigbrot!“, ruft Bulli, obwohl er genau weiß, dass der Neue Onibrod heißt. Aber es macht Spaß, Onibrod zu ärgern, weil sein Gesicht dann immer so rot wird wie seine Haare. Darüber kann sich Bulli totlachen. „Na, alles klar fürs Knieballturnier?“, fragt Bulli seine Freunde. Ganz klar, seine Mannschaft wird gewinnen. Die Freunde nicken. „Und hinterher spielen wir noch ein bisschen Honigbrot-Ärgern“, schlägt Bulli vor. Die Freunde nicken wieder und lachen.

Mallis Geschichte

Malli sieht den Neuen ängstlich über den Schulhof stolpern. Klar, dieser Angeber Bulli hat es auf Onibrod abgesehen. Honigbrot nennt er ihn immer. Naja, ein bisschen komisch ist der Name Onibrod schon, aber auf Ekis wäre der Name Bulli vielleicht auch komisch. „Los, zieht euer Sportzeug an!“, ruft Alli. Alli und Malli spielen in einer Mannschaft. Heute müssen sie gegen Bullis Mannschaft spielen – das wird hart! „Wir brauchen noch einen guten Knieballer“, sagt Alli. „Holli ist krank.“ Malli schaut sich um. Das ist schwierig. Der Einzige, der noch nicht in eine Mannschaft eingeteilt ist, ist Onibrod. „Kennst du Knieball?“, fragt Malli ihn. Onibrod nickt.

„Dann spielst du in unserer Mannschaft“, sagt Malli und gibt ihm die Hand. Alli und die anderen nicken und lächeln ihn an. Onibrod wird wieder rot, aber dieses Mal vor Freude. „Eine Bedingung“, sagt Malli. Onibrod sieht ihn erschrocken an. „Du erzählst uns hinterher von deinem Heimatplaneten. Wir waren nämlich noch nie dort und sind ganz schön neugierig.“ Onibrod nickt. Und dann geht das Spiel auch schon los. Im Nu liegt Mallis Mannschaft in Führung. Bulli schreit seine Freunde an und kratzt sich verzweifelt am Kopf. Denn in Mallis Mannschaft spielt der beste Knieballer, den er je gesehen hat: Onibrod. Haushoch verliert Bullis Mannschaft. „Warte nur, Honigbrot!“, droht Bulli. Aber Onibrod macht das jetzt nicht mehr so viel aus. Er nimmt seinen ganzen Mut zusammen. „Onibrod“, sagt er langsam und deutlich. „Ich heiße Onibrod!“ „Du solltest mal was gegen deinen Sprachfehler tun, Bulli“, fügt Malli hinzu. „Bei dir klingt das immer wie Honigbrot!“ Bulli bleibt der Mund offen stehen. Bis ihm einfällt, was er sagen könnte, ist Onibrod mit seinen neuen Freunden verschwunden.

Gitta Edelmann

○ **1** Welchen Spitznamen gibt Bulli Onibrod?
Lies nach.

◒ **2** Lies Bullis Geschichte.
Finde Schlüsselwörter. Erzähle mithilfe deiner Schlüsselwörter, was du über den Neuen erfährst. >>S. 29

◒ **3** Lies den ganzen Text.
Warum gibt Bulli Onibrod einen Spitznamen?
Finde eine passende Textstelle.

● **4** Lies den ganzen Text.
Wie findest du Bullis Verhalten gegenüber Onibrod?
Begründe deine Meinung.

Weißt du eigentlich, wie lieb ich dich hab?

„Rate mal, wie lieb ich dich hab“,
sagte der kleine Hase zum großen Hasen.
„Oh“, sagte der große Hase,
„ich glaube nicht, dass ich das raten kann.“
„So sehr“, sagte der kleine Hase
und breitete seine Ärmchen aus,
so weit er konnte.
Der große Hase hatte viel längere Arme.
„Aber ich hab dich sooo sehr lieb“,
sagte er.
Hm, das ist viel,
dachte der kleine Hase.
„Ich hab dich lieb,
so hoch ich reichen kann“,
sagte der kleine Hase.
„Ich hab dich lieb,
so hoch ich reichen kann“,
sagte der große Hase.
Das ist ziemlich hoch,
dachte der kleine Hase.

Sam McBratney

1 Wie zeigen sich der kleine und der große Hase ihre Zuneigung? Macht euch das gegenseitig vor.

2 Lest die Erzählung mit verteilten Rollen. Achtet dabei darauf, wie die Hasen sprechen. >> S. 185

3 Spielt die Erzählung. Achtet dabei vor allem auf die Gesten der Hasen. Gebt euch Rückmeldungen zum Spiel.

Eine Erzählung in vielen Sprachen

Der Schriftsteller Sam McBratney hat sich die Erzählung „Weißt du eigentlich, wie lieb ich dich hab?“ ausgedacht. Er kommt aus Irland. Zuerst hat er das Buch auf Englisch geschrieben. Es heißt „Guess how much I love you“. Später wurde die Erzählung in viele andere Sprachen übersetzt. So entstand auch eine deutsche Ausgabe. Inzwischen gibt es das Buch sogar in diesen drei verschiedenen Dialekten*. Das sind die Titel und so beginnt die Erzählung jeweils:

Yvonne Zimmermann

Bayerisch:	**Fränkisch:**	**Schwäbisch:**
Woaßt du iabahapts, wia gern dass i di mog?	**Waßt du eigenli, wäi gern I di mooch?**	**Woischt du, wia saumäßig I di mag?**
Da kloan Has hätt ins Bett geh soin, oba er hot si no ganz lang festghoitn an di langa Oahn vom grouße Hosn …	Es klanne Häsla hät scho ins Bettla gsollt, obber es hot si nu äweng an die langer Ohrn vom groußn Hosn …	S’ kloine Häsle hädd en Nescht solla, aber es hebt si ganz fescht an de Löffl vom großa Hasa … ooghaltn …

Sam McBratney

○ **1** In welchen Dialekten ist das Buch erschienen? Lies nach.

◒ **2** Vergleiche die Buchtitel. Was ist gleich? Was ist anders? Beschreibe.

◒ **3** Übersetze den Anfang dieser Erzählung aus einem Dialekt ins Hochdeutsche.

◒ **4** Sprichst du auch einen Dialekt? Wie würde das Buch bei dir heißen? Schreibe den Titel auf.

*Dialekt: eine Art, in einem bestimmten Gebiet zu sprechen, auch Mundart genannt

>>S. 186: Buch

Alle machen alles

In der Küche

1. Der Vater isst den Speck.
Klein-Walter spielt Versteck.
Die Mutter kocht die Suppe.
Susanne hält die Puppe.
Die Katze liegt im Eck.

2. Der Vater spielt Versteck.
Klein-Walter kocht die Suppe.
Die Mutter hält die Puppe.
Susanne liegt im Eck.
Die Katze isst den Speck.

3. Der Vater kocht die Suppe.
Klein-Walter hält die Puppe.
Die Mutter liegt im Eck.
Susanne isst den Speck.
Die Katze spielt Versteck.

4. Der Vater hält die Puppe.
Klein-Walter liegt im Eck.
Die Mutter isst den Speck.
Susanne spielt Versteck.
Die Katze kocht die Suppe.

5. Der Vater liegt im Eck.
Klein-Walter isst den Speck.
Die Mutter spielt Versteck.
Susanne kocht die Suppe.
Die Katze hält die Puppe.

Ludwig Harig

○ **1** Welche Figuren kommen in dem Text vor? Liste sie auf.

◒ **2** Wähle eine Figur aus. Finde heraus, was sie in den einzelnen Strophen macht.

● **3** Schreibe ein ähnliches Gedicht, zum Beispiel „Alle machen alles – Im Garten“ oder „Alle machen alles – Im Wald“.

>>S. 186: Figur, Gedicht/Strophe/Vers

Geschwister, keine

Keine Geschwister zu haben ist sehr lästig.
Kinder mit Geschwistern haben immer jemanden zum Spielen, während man sich als Einzelkind zum Spielen verabreden muss.
Außerdem ist es doof, immer nur alleine mit Erwachsenen zusammen zu wohnen.
Da steht es dann bei schwierigen Entscheidungen automatisch Zwei gegen Einen.
Als Einzelkind muss man sich dauernd langweilen, während man mit Geschwistern Kissenschlachten, Schatzsuchen und andere tolle Dinge machen kann.
Geschwister helfen oder beschützen einen auch. Außerdem hat man keinen, den man nachts einfach mal wecken kann, wenn man Angst hat.

Alexandra Maxeiner

1 Lest den Text im Tandem. Überlegt dabei: Was klappt schon gut? Was wollt ihr noch verbessern? >>S. 9

2 Welche Vorteile kann man mit Geschwistern haben? Begründe mit passenden Textstellen.

3 Welche Meinung hast du zum ersten Satz? Schreibe sie auf.

4 Was könnten Geschwister miteinander spielen? Lies genau.

Karten spielen	Höhlen bauen	Fußball spielen
Schatzsuche	Kissenschlacht	Versteck spielen

Moritz heißt immer noch Meier

Als Papa zu Hause auszog, wollte Moritz am liebsten die ganze Welt verhauen. Sogar seine besten Freunde. „Musst du denn immer streiten?“, sagten alle zu Moritz. „Komm, vertragt euch wieder.“ Aber sich vertragen war schwer. Nicht mal Mama und Papa hatten das geschafft, obwohl sich Moritz solche Mühe gegeben hatte. Weil er nämlich dachte, dass er an allem schuld sei. Doch Mama und Papa sagten beide, dass er überhaupt nichts dafür konnte. Und dass es trotzdem besser war, wenn sie sich trennten. Seitdem wohnten Mama und Moritz allein in der Lerchenstraße. Das bunte Schild an der Haustür, wo all ihre Namen draufstanden, wurde abgenommen. „Heiße ich denn jetzt nicht mehr Meier?“, fragte Moritz. Mama wuschelte ihm durchs Haar. „Klar heißt du noch Meier“, sagte sie. „Und wir zwei bleiben hier zusammen, versprochen ist versprochen. Obwohl du manchmal auch ein bisschen bei Papa wohnst. Wenn du ihn besuchst, meine ich.“ Am Anfang war es schon komisch, wenn Moritz Papa am Wochenende besuchte. Die neue Wohnung war viel kleiner und noch nicht fertig eingerichtet. Auch Papa sah ein bisschen anders aus als vorher. Als Erstes zeigte er Moritz sein Zimmer. Ein tolles Abenteuerbett stand da drin. Moritz kletterte gleich die Strickleiter hoch. „Alle Mann an Deck!“, rief Papa. Abends war es dann fast wie früher. Papa kochte Nudeln und sie spielten so lange, bis Moritz mitten in der Seeschlacht einschlief. Wenn Mama ihn am Sonntagabend abholte, erzählte Moritz ihr meistens gleich, was sie alles gemacht hatten. Nur beim Auf-Wiedersehen-Sagen wurde er traurig. „Schade, dass du nicht mitkommst, Papa“, sagte er oft.

Aber Papa meinte, einer müsste ja schließlich auf die ESMERALDA aufpassen. So hieß jetzt nämlich Moritz' Bett.

Irgendwann fand Moritz es gar nicht mehr so schlimm mit den zwei Wohnungen.

Er war gerne bei Papa und gerne bei Mama. Beide hatten ihn immer noch lieb, auch wenn sie nicht mehr zusammen wohnten.

Dann tauchte plötzlich Stefan in der Lerchenstraße auf. Und das gefiel Moritz überhaupt nicht. Stefan war ein Freund von Mama. Er ging mit Mama ins Kino oder machte mit ihr Musik. Er brachte Mama zum Lachen und das gefiel Moritz noch viel weniger.

„Hat der denn keine eigene Frau?", fragte Moritz böse. „Nicht mehr", antwortete Mama. „Weißt du, sie haben sich auch getrennt. Wie Papa und ich."

Moritz war stinksauer. Und plötzlich war die Wut im Bauch wieder da.

Mama brauchte Stefan nicht. Sie brauchte doch nur Moritz. Dieser blöde Stefan! Er spielte nicht Fußball, nur Klavier. Er konnte keine Nudeln kochen. Er wusste auch bestimmt nichts über Seeräuber.

Moritz machte ganz viel Unsinn, damit Mama merkte, dass Stefan wieder gehen sollte. Zum Glück verstand Mama, warum Moritz das tat. Sie schimpfte nicht, sondern nahm ihn in den Arm. Und Stefan wurde nicht mal böse, als Moritz ihm absichtlich Saft auf die Hose schüttete. „Das passiert Nele auch immer", sagte er nur. Moritz guckte erstaunt. Wer war Nele?

Corinna Gieseler

Wenn ihr die Erzählung mit verteilten Rollen lest, denkt an den Erzähler. >>S. 185

○ **1** Warum will Moritz die ganze Welt verhauen? Erzähle.

◒ **2** Warum findet es Moritz irgendwann nicht mehr schlimm mit den zwei Wohnungen? Schreibe einen Satz als Begründung auf.

● **3** Wie könnte die Erzählung weitergehen? Tauscht euch aus.

◒ **4** Welches Wort steht nicht im Text? Finde die Falle.

Moritz	Lerchenstraße	Abenteuerbett
Seeschlacht	Wochenende	Freitagabend

>>S. 186: Erzählung/Erzähler

Der alte Bär muss Abschied nehmen

1 Vermute, was in der Erzählung geschehen könnte.

„Der Bär ist krank!“, rief der Hase, während er quer durch den Wald rannte. „Der Bär ist krank!“

Der Hase brachte immer allen Tieren im Wald die Neuigkeiten. Und als die Tiere diese Nachricht hörten, beeilten sich alle, zur Baumhöhle zu kommen. „Psst, leise“, ermahnte der Dachs alle, die zur Höhle kamen. „Der Bär braucht Ruhe!“ Gleich waren alle Tiere still.

Den Bären hatten nämlich alle gern. Und er war schon sehr alt: Kein Tier konnte sich erinnern, dass der Bär einmal nicht dagewesen wäre – so alt war er schon.

„Was ist denn das für eine Stille da draußen?“, hörten sie da plötzlich den Bären aus der Höhle rufen. „Das ist ja schrecklich! Wo sind denn alle?“

Da kamen die Tiere in seine Höhle. Aber sie waren gar nicht laut dabei. Der Bär sah wirklich krank aus. Das fanden alle. Ein paar Tiere erschraken sogar ein bisschen, weil er so verändert war.

„Was ist denn mit dir? Was fehlt dir denn?“, drängelte sich der kleine Fuchs vor und stellte die Ohren auf. Das tat er immer, wenn er sehr gespannt war.

„Hm …“, machte der Bär. Nur grollte es gar nicht mehr so wie früher, wenn er „Hm“ gemacht hatte. „Ihr Lieben“, sagte er dann, „ich glaube, ich muss mich von euch verabschieden. Ich mache mich auf eine ganz besondere Reise, die jeder Bär und jedes Tier am Ende seines Lebens macht.“

„Eine Reise? Wohin denn? Können wir nicht mitkommen?“, fragte der kleine Fuchs. Der Bär lächelte. „Nein, diese Reise macht jeder ganz für sich allein“, sagte er. „Aber … aber … du stirbst doch nicht etwa?“, stotterte das Kaninchen erschrocken. „Doch“, sagte der Bär ganz ruhig. „Sehr viel Zeit habe ich wohl nicht mehr. Und darum ist es gut, dass ihr alle gekommen seid, damit ich mich von euch verabschieden kann.“

„Aber du kannst doch nicht einfach so sterben und uns allein lassen!“, rief der kleine Fuchs empört. „Das kann leider niemand einfach so entscheiden“, sagte der Bär. „Und ich bin auch sehr müde, das muss ich zugeben. Ich würde mich wirklich gern ausstrecken und ganz lange schlafen. Viel länger als sonst. Viele, viele Winter lang.“

Die Stimme des Bären klang plötzlich ganz schwach.

„Ihr solltet jetzt besser gehen“, flüsterte der Dachs.

Nach und nach verabschiedeten sich die Tiere vom Bären. Der kleine Fuchs lief zu seinem Lieblingsplatz am See. Er war traurig – und auch ein bisschen wütend, weil der Bär weggehen würde. Er konnte sich gar nicht vorstellen, wie es ohne den Bären sein würde. Er wollte das auch gar nicht. „Und außerdem – was soll das eigentlich, dass man stirbt und einfach weg ist?“, dachte er. „Und was ist, wenn man tot ist? Ich muss noch einmal mit dem Bären reden, unbedingt!“

Vor der Bärenhöhle saß allerdings der Dachs und hielt Wache, denn der Bär sollte jetzt wirklich Ruhe haben. Der kleine Fuchs überlegte einen Augenblick lang. Dann zielte er genau und warf einen Tannenzapfen gegen einen Baum, der etwas entfernt stand. Der Dachs sah hoch. Und noch ein paar Tannenzapfen warf der Fuchs. So lange, bis der Dachs schließlich neugierig zu dem Baum lief. Jetzt schlüpfte der Fuchs schnell in die Höhle hinein.

„Hab ich’s doch gewusst, dass du wiederkommst“, lächelte der Bär, als er den kleinen Fuchs sah. „Und dass du es schaffst, am Dachs vorbeizuschlüpfen.“

„Ich muss unbedingt noch einmal mit dir reden“, sagte der kleine Fuchs, und der Bär nickte. „Wenn man schon irgendwann sterben muss und es nun wirklich gar nicht anders geht – was ist dann, wenn man tot ist?“, fragte der kleine Fuchs.

„Das weiß niemand so ganz genau“, sagte der Bär. „Manche sagen, man schlafe einfach nur. Und andere, dass man in den Himmel komme. Und das glaube ich auch.“

Udo Weigelt

2 Warum kommen alle Tiere zur Höhle des Bären? Erzähle.

3 Was tut, fühlt und sagt der kleine Fuchs? Sprecht darüber. Beachtet dabei passende Textstellen.

4 Erinnere dich an deine Vermutung. Hat sie sich bestätigt? Begründe.

5 Finde zu jedem Abschnitt eine Teilüberschrift und erzähle den Text nach. >>S. 67

>>S. 186: Buch, Erzählung/Erzähler

Der Neinrich

1 Welche Verben kannst du bilden?
Lies genau.

ab-
aus-
auf- → malen
an-
be-

ab-
ein-
aus- → zeichnen
be-
kenn-

2 Lies die Wörter.
Achte auf die markierten Vokale.

Lippe | Schmatz | Kuss | eben | Ort

Spiegel | sagen | muss | gehen | oft

Zimmer | Blatt | Fuß | stellen | groß

3 Welche Wortgruppen bilden Gegensätze?
Finde die Gegensatzpaare.

nein sagen | ein volles Blatt | ein kleines Männchen

ein großer Mann | ja sagen | ein ulkiger Wicht

ein ernster Wicht | ein leeres Blatt

Der Neinrich

Tante Karin rief zum Abschied: „Einen winzigen kleinen Kuss krieg ich aber!“ Schon machte es: „Schmatz!“ Leo stellte sich vor den großen Spiegel. Er rieb sich die Spuren des Lippenstiftes von seiner Wange. Seine Mutter sagte ein wenig hilflos: „Sie kommt ja nicht so oft.“ Leo ging wütend in sein Zimmer und zeichnete komische kleine Männchen. Plötzlich lag vor ihm wieder ein leeres Blatt. Neben ihm bewegte sich etwas. Der Wicht, den er eben gezeichnet hatte, spielte mit einem Radiergummi Fußball. Der ulkige Wicht sagte: „Ich bin der Neinrich. Ich bringe dir das NEINsagen bei.“ Leo antwortete: „Meine Mutter beschwert sich darüber, dass ich zu oft NEIN sage.“ Der Neinrich sagte: „Das ist es eben. Man muss unbedingt wissen, wann der richtige Ort und die richtige Zeit zum Neinsagen ist.“

nach Edith Schreiber-Wicke (Autorin), Carola Holland (Illustratorin)

○ **1** Wie reagiert Leo auf Tante Karins Kuss? Erzähle.

○ **2** Warum heißt der ulkige Wicht Neinrich? Belege deine Antwort mit einer Textstelle.

○ **3** Wie verändern sich die Adjektive? Lies genau.

winzig	wütend	ulkig
winziger	wütender	ulkiger
am winzigsten	am wütendsten	am ulkigsten

Der Neinrich

„Einen winzigen kleinen Kuss krieg ich aber!“, rief Tante Karin zum Abschied. Schon machte es: „Schmatz!“ Leo rieb sich vor dem großen Spiegel die klebrigen Lippenstiftspuren von seiner Wange. Dabei sah er seine Mutter vorwurfsvoll an. „Sie kommt ja nicht so oft“, sagte diese ein wenig hilflos. Leo ging wütend in sein Zimmer und begann zu zeichnen. Als er sah, was er gezeichnet hatte, wunderte er sich. Er zeichnete sonst nie komische kleine Männchen. Plötzlich sah er vor sich wieder ein neues weißes Blatt. Neben dem Behälter mit den Stiften bewegte sich etwas. Der ulkige Wicht aus seiner Zeichnung spielte mit dem Radiergummi Fußball. „Ich bin der Neinrich“, sagte der Kleine. „Neinrich?“, wiederholte Leo. „Mit N? Nicht vielleicht Heinrich?“ „Ich heiße Neinrich, weil ich dazu da bin, dir das NEINsagen beizubringen“, sagte der Neinrich. „Meine Mutter beschwert sich darüber, dass ich zu oft NEIN sage“, antwortete Leo. „Das ist es ja eben“, sagte der Neinrich. „Man muss unbedingt wissen, wann der richtige Ort und die richtige Zeit zum Neinsagen ist.“

nach Edith Schreiber-Wicke (Autorin), Carola Holland (Illustratorin)

○ **1** Wie reagiert Leo auf Tante Karins Kuss? Erzähle.

○ **2** Warum heißt der ulkige Wicht Neinrich? Belege deine Antwort mit einer Textstelle.

○ **3** Wie oft kommt „nein“ in der Wortreihe vor? Finde es heraus.

neinkeinmeinseinneinreinneineinseinnein

Der Neinrich

„Einen winzigen kleinen Kuss krieg ich aber!“, rief Tante Karin und drückte Leo an sich. „Schmatz!“, machte es, bevor Leo noch irgendetwas sagen konnte. Leo spürte einen klebrigen Lippenstift auf seiner Wange.
„Süß ist er, der kleine Leo“, sagte Tante Karin, bevor sie sich endlich verabschiedete. Leo stellte sich vor den großen Spiegel und rieb die Lippenstiftspuren von seiner Wange. Dabei sah er seine Mutter vorwurfsvoll an. Seine Mutter zuckte ein wenig hilflos mit den Schultern.
„Sie kommt ja nicht oft“, sagte sie.
Leo ging in sein Zimmer. Er war wütend. Wie immer, wenn er wütend war, holte er seinen Zeichenblock und die Buntstifte. Irgendwie liefen die Stifte wie von selbst. Als Leo sah, was er gezeichnet hatte, wunderte er sich. Er zeichnete sonst nie komische kleine Männchen.
Leo wollte den Zeichenblock wegschieben, als er sah, dass seine Zeichnung verschwunden war. Glatt, weiß und neu lag das oberste Blatt vor ihm. Leo sah, dass sich neben dem Behälter mit den Stiften etwas bewegte. Der ulkige Wicht, den er gezeichnet hatte, spielte mit einem Radiergummi Fußball.
„Ich bin der Neinrich“, sagte der Kleine.
„Neinrich?“, wiederholte Leo. „Mit N? Nicht vielleicht Heinrich?“
„Das würde ja keinen Sinn machen“, sagte der kleine Kerl.
„Wieso“, fragte Leo verständnislos. „Weil ich dazu da bin, dir das NEINsagen beizubringen“, sagte der Kleine, der sich Neinrich nannte.
„Meine Mutter beschwert sich darüber, dass ich zu oft NEIN sage“, antwortete Leo. „Das ist es ja eben“, sagte der Neinrich. „Man muss unbedingt wissen, wann der richtige Ort und die richtige Zeit zum Neinsagen ist.“

Edith Schreiber-Wicke (Autorin), Carola Holland (Illustratorin)

○ **1** Wie reagiert Leo auf Tante Karins Kuss? Erzähle.

○ **2** Warum heißt der ulkige Wicht Neinrich? Belege deine Antwort mit einer Textstelle.

● **3** Warum ist es wichtig, das Neinsagen zu lernen? Tauscht euch darüber aus.

>> S. 186: Buch

Teilüberschriften finden und mit ihnen einen Text nacherzählen

Die Geschichte von einer besonderen Familie

Eine Familie kam sich wie eine ganz besondere Familie vor. Der Vater, die Mutter, die Kinder – alle sagten: „Wir sind nicht wie die anderen Leute!“ Sie waren sehr stolz darauf. Es ärgerte sie nur, dass die anderen Leute nicht merkten, wie besonders sie waren.

Einmal wünschten die Kinder sich ein Tier und das sollte natürlich ein besonderes Tier sein. Sie zogen einen hohen Zaun um den Garten und kauften eine Giraffe. Die Kinder sagten jetzt zu den anderen Kindern: „Eine Schildkröte habt ihr? Einen Dackel habt ihr? Pah! Wir haben eine Giraffe!“

Der Garten war aber sehr klein. Darum sah man vom Haus her nie die ganze Giraffe. Von den unteren Fenstern aus konnte man nur ihre Beine sehen und von den oberen Fenstern aus nur ihren Bauch. Die Familie stand jeden Tag stundenlang im Garten. Alle reckten und streckten und verdrehten die Hälse, weil sie ihre ganze Giraffe sehen wollten und weil sie so stolz auf ihr besonderes Tier waren.

Bald sahen dann die anderen Leute, dass dies wirklich eine besondere Familie war: Der Vater, die Mutter, die Kinder – alle bekamen Giraffenhälse. Natürlich waren sie auch darauf sehr stolz.

Ursula Wölfel

So kannst du Teilüberschriften finden und mit ihnen einen Text nacherzählen

1. Lies die Erzählung.

2. Betrachte vorhandene Bilder.

3. Lies die Erzählung nun ein zweites Mal.
Finde in den Abschnitten Schlüsselwörter und notiere sie. >>S. 29

4. Erzähle Abschnitt für Abschnitt mit Hilfe deiner Schlüsselwörter nach.
Finde für jeden Abschnitt eine Teilüberschrift.

1. Abschnitt: Eine stolze Familie

2. Abschnitt: Ein besonderer Wunsch der Kinder

3. Abschnitt: ...

4. Abschnitt: ...

5. Erzähle mithilfe deiner Teilüberschriften die Geschichte von einer besonderen Familie nach.
So kannst du beginnen:

Es war einmal eine stolze Familie.

Sie wollte besonders sein.

Sie ...

6. Lass dir Rückmeldungen geben:
Du hast alle wichtigen Wörter gefunden.
Du hast treffende Teilüberschriften gefunden, weil ...
Eine wichtige Stelle hast du überlesen ...

>>S. 186: Erzählung/Erzähler

Traumhaft und fantasievoll

Gerichte aus der Hexenküche

In der alten Felsenhöhle
mixt die Hexe mit Gegröle
ihre schlimmen Hexenöle:
Rabenschnäbel,
Räubersäbel,
Hungersteine,
Spinnenbeine,
Zirbeldrüse,
Krötenfüße,
Kräutersud
und Drachenblut.
Noch ein wenig Rattenspeck,
eine Prise Hühnerdreck
und ein bisschen Fensterkitt.
Ich wünsche guten Appetit!

Paul Maar

○ **1** Zähle die Zutaten auf, die für diese Hexengerichte benötigt werden.

Verlornes wiedafindn

Hokuspokus wunderbar,
dreimoi schwarze Katz!
Schlangenei und dicka Ratz,
Donnaschlog und Adlergfieda!
Ois, was weg war,
kimmt glei wieda!

Beate Eckert-Kalthoff

Nix kocha miassn

Abrakadabra plerrt die Kräh,
bunta Hos in meina Näh!
Schwarza Otter, blaua Fisch:
Guads Essen, auf mein Tisch!

Beate Eckert-Kalthoff

◒ **2** Wie willst du eines der beiden Gedichte sprechen? Lustig, böse, zänkisch …
Sprich nun das Gedicht mehrmals halblaut im Dialekt,
bis du es vortragen kannst. Achte auch auf Pausen.

>>S. 186: Gedicht / Strophe / Vers; S. 188: Paul Maar

Hexeneinmaleins

Du musst verstehn!
Aus Eins mach Zehn,
Und Zwei lass gehn,
Und Drei mach gleich,
So bist du reich.
Verlier die Vier!
Aus Fünf und Sechs –
So sagt die Hex –
Mach Sieben und Acht,
So ist's vollbracht:
Und Neun ist Eins,
Und Zehn ist keins.
Das ist das Hexeneinmaleins.

Johann Wolfgang von Goethe

Zauberspruch

Nimm Entenfedern
Löwenzahn
und einen Löffel
Lebertran.
Sprich Hunke-Munke-mops dabei
und mische
einen dicken Brei.
Schmier dir die Nasenspitze ein
und stell dich
in den Mondenschein.
Und schwebst du nun
nicht in die Nacht –
dann hast du etwas
falsch gemacht!

Max Kruse

Zauberformel zum Raten

Lirum Larum Läusegift,
Zauberei mit Spiegelschrift,
aufgemalt mit Läuseblut:
TUG RETTEW SAD DRIW NEGROM

Christa Zeuch

○ **1** Welcher Vers im „Hexeneinmaleins“ hat keinen Endreim? Finde ihn.

● **2** Sprecht das „Hexeneinmaleins“ oder den „Zauberspruch“ wie eine Hexe, zum Beispiel wie eine alte, eine junge, eine böse, eine Kicher- oder eine Windhexe. Gebt euch Rückmeldungen.

◐ **3** Lest im „Zauberspruch“ nach und überlegt: Was geschieht, wenn ihr den Brei richtig mixt?

○ **4** Entziffere die „Zauberformel zum Raten“.

>>S. 186: Gedicht/Strophe/Vers

Die Wichtelmänner

Es war ein Schuster ohne seine Schuld so arm geworden, dass ihm endlich nichts mehr übrigblieb als Leder zu einem einzigen Paar Schuhe. Nun schnitt er am Abend das Leder für die Schuhe zu.

Die wollte er den nächsten Morgen in Arbeit nehmen.

Weil er ein gutes Gewissen hatte, so legte er sich ruhig zu Bett und schlief ein.

Morgens, als er sich zur Arbeit niedersetzen wollte, standen die beiden Schuhe ganz fertig auf seinem Tisch. Er wunderte sich und wusste nicht, was er dazu sagen sollte. Er nahm die Schuhe in die Hand, um sie näher zu betrachten.

Sie waren so sauber gearbeitet, dass kein Stich daran falsch war, gerade als wenn es ein Meisterstück sein sollte.

Bald darauf trat auch schon ein Käufer ein, und weil ihm die Schuhe so gut gefielen, so bezahlte er mehr als gewöhnlich dafür. Der Schuster konnte von dem Geld Leder für zwei Paar Schuhe erhandeln. Er schnitt sie abends zu und wollte den nächsten Morgen mit frischem Mut an die Arbeit gehen.

Aber er brauchte es nicht, denn als er aufstand, waren sie schon fertig.

Es blieben auch nicht die Käufer aus, die ihm so viel Geld gaben, dass er Leder für vier Paar Schuhe einkaufen konnte.

Er fand frühmorgens auch die vier Paar fertig. So ging es immer fort.

Was er abends zuschnitt, das war am Morgen verarbeitet. Bald hatte er wieder sein ehrliches Auskommen und wurde ein wohlhabender Mann.

Nun geschah es eines Abends, nicht lange vor Weihnachten, als der Mann wieder zugeschnitten hatte, dass er vor dem Schlafengehen zu seiner Frau sprach:

„Wie wäre es, wenn wir diese Nacht aufblieben, um zu sehen, wer uns solche hilfreiche Arbeit leistet?“ Die Frau stimmte zu und steckte ein Licht an.

Darauf verbargen sie sich in den Stubenecken, hinter den Kleidern, die da aufgehängt waren, und gaben acht.

Als es Mitternacht war, da kamen zwei kleine niedliche nackte Männlein, setzten sich vor des Schusters Tisch, nahmen alle zugeschnittene Arbeit zu sich und fingen an, mit ihren Fingerlein geschickt und schnell zu stechen, zu nähen, zu klopfen.

Der Schuster konnte vor Verwunderung die Augen nicht abwenden. Sie ließen nicht nach, bis alles zu Ende gebracht war und fertig auf dem Tische stand. Dann sprangen sie schnell fort.

Am andern Morgen sprach die Frau: „Die kleinen Männer haben uns reich gemacht, wir müssten uns doch dankbar dafür zeigen. Sie laufen so herum, haben nichts am Leib und müssen frieren. Weißt du was? Ich will Hemdlein, Rock, Wams und Höslein für sie nähen, auch jedem ein Paar Strümpfe stricken. Mach du jedem ein Paar Schühlein dazu.“ Der Mann sprach: „Damit bin ich zufrieden.“

Abends, als sie alles fertig hatten, legten sie die Geschenke statt der zugeschnittenen Arbeit zusammen auf den Tisch. Dann versteckten sie sich, um mit anzusehen, wie sich die Männlein anstellen würden. Um Mitternacht kamen sie herangesprungen und wollten sich gleich an die Arbeit machen. Sie fanden aber kein zugeschnittenes Leder, sondern die niedlichen Kleidungsstücke. Erst verwunderten sie sich, dann aber zeigten sie eine große Freude. Mit der größten Geschwindigkeit zogen sie sich an, strichen die schönen Kleider am Leib und sangen:

„Sind wir nicht Knaben glatt und fein? Was sollen wir länger Schuster sein!“

Dann hüpften und tanzten sie und sprangen über Stühle und Bänke. Endlich tanzten sie zur Tür hinaus. Von nun an kamen sie nicht wieder, dem Schuster aber ging es wohl, solang er lebte, und es glückte ihm alles, was er unternahm.

Brüder Grimm

Wer waren die Brüder Grimm? Ich forsche mithilfe einer Kindersuchmaschine darüber nach.

○ **1** Wie ergeht es dem Schuster zu Beginn und am Ende des Märchens? Lies nach.

◒ **2** Woran erkennst du, dass „Die Wichtelmänner“ ein Märchen ist? Belege mit Textstellen. >> S. 85

● **3** Wie findet ihr das Verhalten des Schusters und seiner Frau? Begründet eure Meinungen.

● **4** Gestaltet zu dem Märchen eine Bildergeschichte.

Künstlerpech

1 Vermute, was in der Erzählung geschehen könnte.

„Schlechte Zeiten!“, schimpfte der Räuber Hotzenplotz. „Wenn das so weitergeht, muss ich mich allmählich nach einem anderen Beruf umsehen. Die Räuberei bringt auf die Dauer zu wenig ein und anstrengend ist sie außerdem!“

Er wollte sich eben – was er sonst während der Arbeitszeit nur höchst selten tat – eine Prise Schnupftabak genehmigen: Da hörte er auf der Landstraße einen Handwagen knarren.

„Nanu!“, dachte Hotzenplotz, „liege ich etwa doch nicht umsonst auf der Lauer?“ Und er griff statt zur Schnupftabaksdose wieder nach seinem Fernrohr.

Draußen auf der Landstraße bogen zwei Leute mit einem Handwagen um die Waldecke. Auf dem Handwagen lag eine große Kiste.

Die Kiste schien schwer zu sein. Die beiden mussten sich mit dem Wagen ganz schön abmühen.

Der eine war übrigens dieser Kasperl, ihn erkannte man ja von Weitem an seiner Zipfelmütze. Und der andere?

Nun, wenn der eine von beiden der Kasperl war, konnte der andere nur sein Freund Seppel sein: Das wusste sogar der Räuber Hotzenplotz.

„Lieber wüsste ich freilich, was in der Kiste ist!“, dachte er.

Aber halt, trug die Kiste nicht eine Aufschrift? Was stand da mit roten leuchtenden Buchstaben draufgemalt …? „Vorsicht Gold!“, las der Räuber Hotzenplotz; und er musste es gleich noch ein zweites und drittes Mal lesen, bevor er sicher war, dass er sich nicht getäuscht hatte.

Nein, er hatte sich nicht getäuscht! Endlich lachte ihm wieder das Räuberglück! Vielleicht sollte er seinen Beruf lieber doch nicht aufgeben?

>> S. 186: Erzählung/Erzähler

Hastig riss Hotzenplotz seine Pistole aus dem Gürtel und spannte sie.
Er ließ Kasperl und Seppel mit ihrem Wagen auf wenige Schritte herankommen.
Dann sprang er mit einem Riesensatz auf die Straße hinaus.
„Hände hoch!“, brüllte Hotzenplotz, „oder ich schieße!“
Es wunderte ihn kein bisschen, dass Kasperl und Seppel sofort Reißaus nahmen.
„Lauft nur, ihr beiden Helden!“, rief er ihnen nach. „Hauptsache, dass mir die Kiste nicht wegläuft! Hö-hö-hö-höö!“
Er brach in ein schallendes Gelächter aus, schob die Pistole in den Gürtel zurück und machte sich daran, die Kiste gründlich von allen Seiten zu beschnüffeln.
„Hm – sie ist zugenagelt ... Natürlich! Es ist ja Gold drin! – Ob ich sie wohl mal aufmache und hineinschaue? Lieber nicht ... Ich muss sehen, dass ich hier wegkomme! ...“
Er hatte es mit dem Heimkommen so eilig, dass er gar nicht merkte, wie die Kiste auf seinem Rücken mit der Zeit immer leichter und leichter wurde.
Denn Kasperl hatte im letzten Augenblick doch noch daran gedacht, das Streichholz herauszuziehen, und nun rieselte der feine weiße Sand ohne Unterlass durch das Loch im Kistenboden und bildete hinter dem Räuber Hotzenplotz eine dünne Spur.
Daheim angekommen stellte Hotzenplotz die Kiste auf den Tisch und nachdem er den Eingang zur Räuberhöhle von innen verriegelt hatte, holte er Hammer und Zange aus dem Werkzeugkasten und machte sich daran, die Kiste zu öffnen.
Da er ein sehr erfahrener Räuber war, der sein Handwerk von Grund aus verstand, dauerte es nicht lange, bis er den Deckel aufklappen konnte.
Er beugte sich über die Kiste und blickte hinein.
Da erstarrte er.

Otfried Preußler

○ **2** Was beobachtet der Räuber Hotzenplotz, als er auf der Lauer liegt? Lest euch die Stelle betont vor.

Vom Räuber Hotzenplotz gibt es drei Bücher und einen neueren Film. Forsche nach, welchen Beruf der Räuber eines Tages ausüben wird.

◒ **3** Was wäre für Hotzenplotz „Räuberglück“? Erkläre.

● **4** Erinnere dich an deine Vermutung. Hat sie sich bestätigt? Begründe.

>>S. 186: Buch; S. 187: Handlung; S. 188: Otfried Preußler MK

Die fliegende Zahnbürste

Der Zauberer Kwark will sich die Zähne putzen. In seiner Schlafanzughose steht er vor dem Waschbecken. Auf dem Rand liegt eine Tube Zahnpasta, nur die Zahnbürste ist nirgends zu sehen. „Wie kann das sein?“, murmelt Kwark. „Die Zahnbürste wird doch nicht davongeflogen sein?“ Plötzlich saust ihm etwas um die Ohren. Es ist die Zahnbürste! Sie fliegt durchs Bad. Wie eine große Mücke umkreist sie Kwarks Kopf. Dem alten Zauberer wird ganz schwindlig davon. „Alle Salamander! Ich glaube, die Zahnbürste ist durchgedreht!“, ruft er. Kwark greift nach der Zahnbürste. Daneben! Die Zahnbürste taucht ab und fliegt unter seinem Arm durch. Kwark verliert das Gleichgewicht und fällt in die Badewanne. Er stößt mit dem Kopf an den Wasserhahn. Sofort sprüht Wasser aus der Brause. „Autsch!“, brüllt der Zauberer. Tropfnass und mit einer Beule am Kopf kraxelt er aus der Wanne. „Komm sofort her!“, schimpft er. „Seit wann nehmen Zahnbürsten von selber Reißaus?“ Wieder grabscht er in die Luft. Aber die Zahnbürste ist schneller. Sie flitzt über Kwarks Kopf hinweg aus dem Bad. Der Zauberer hört ein leises Kichern aus dem Wohnzimmer. Sie saust an der Decke entlang, über das Krokodil mit den rollenden Augen hinweg. Unter dem Hut kichert es. Erstaunt hebt Kwark den Hut hoch. Auf dem Tisch liegt die Zahnbürste. Und auf dem Stiel der Zahnbürste sitzt Fuxia, die Minihexe. „Hallo, Papa“, sagt sie. „Ich kann schon fliegen. Hast du es gesehen? Gut, was?“

Paul van Loon

1 Lest den Text im Tandem.
Überlegt: Was wollt ihr noch verbessern? >>S. 9

2 Was passiert dem alten Zauberer Kwark im Bad? Erzähle.

3 Was erfährst du über Fuxia? Finde die passenden Zeilen.

4 Finde zu jedem Abschnitt eine Teilüberschrift und erzähle den Text nach. >>S. 67

Das Märchen vom Schnee

Vor vielen, vielen Jahren hatte der Schnee keine Farbe. Darüber war er sehr unglücklich. Und so machte er sich auf, eine Farbe zu suchen. Alsbald kam er auf eine Wiese und bat das Gras um seine grüne Farbe. Aber das Gras lachte den Schnee aus und schickte ihn davon. Da ging der Schnee zum Veilchen und bat es, ihm seine veilchenblaue Farbe zu geben. Aber auch das Veilchen erhörte seine Bitte nicht. So ging der arme Schnee von Blume zu Blume, aber jede schickte ihn weg. Keine wollte ihm ihre Farbe geben. Als er schon aufgeben wollte, traf der Schnee das Schneeglöckchen. Dieses hatte Mitleid mit ihm und fragte, wozu er die Farbe denn wolle. „Damit alle mich endlich sehen und vom Regen unterscheiden können“, antwortete der Schnee. Da hatte das Schneeglöckchen ein Einsehen und gab dem Schnee von seiner weißen Farbe. Seit dieser Zeit macht der Schnee im Winter alles weiß. Die Blumen aber, die ihn verspotteten und abwiesen, lässt er erfrieren. Nur das Schneeglöckchen, das verschont er – bis heute.

Volksgut

1 Warum will der Schnee eine Farbe haben? Findet die Begründung im Text. Lest sie euch vor.

2 Wie dankt der Schnee dem Schneeglöckchen? Erkläre.

3 Welche Märchenmerkmale findest du in diesem Text? Zähle sie auf. >>S. 85

4 Schreibe zu dem Märchen ein Gedicht.

Till bäckt Eulen und Meerkatzen*

„Der ist ja verrückt“, sagen die Leute oft, wenn sie von Tills Streichen hören. Und ein paar Gescheite, die noch lachen können, sagen dann: „Ja, Gott sei Dank, dass es das noch gibt, einen, der die Dinge verrückt, so wie es ihm gefällt, damit nicht immer alles das gleiche Gesicht und die gleiche Ordnung hat!“

Eines Tages kam Till zu einem Bäcker, der dringend nach einem Gesellen suchte. Schon nach wenigen Tagen ließ der Bäckermeister Till kommen und bat ihn, an seiner Stelle das Backen zu übernehmen. Bis zum Morgen müsse alles fertig sein. „Ja, was soll ich denn backen?“, fragte Till. Der Meister wurde zornig und rief spöttisch: „Na, was pflegt ein Bäcker schon zu backen? Eulen und Meerkatzen natürlich!“

Als nun der Bäcker am frühen Morgen in die Backstube kam, fand er keine einzige Semmel und keinen einzigen Brotwecken. Er sah überall nur gebackene Eulen und Meerkatzen, Eulen und Meerkatzen in allen Größen, wohin er auch schaute.
„Ja, bist du denn von allen guten Geistern verlassen!“, tobte der Bäckermeister. „Was hast du denn gebacken?“
„Was Ihr mich geheißen habt“, sagte Till ruhig, „Eulen und Meerkatzen.“

*Meerkatze: ein afrikanischer langschwänziger Affe

Der Bäcker schimpfte und fluchte und wollte sich nicht beruhigen. „Nimm dein Narrenzeug und verschwinde!“, schrie er mit hochrotem Kopf. Till musste auch noch den Teig bezahlen, den er verbraucht hatte. Er gab dem Bäcker das Geld, steckte alle seine Eulen und Meerkatzen in einen Korb und ging rasch davon.

Er stellte sich vor die Kirche und zeigte allen Leuten, die vorbeikamen, den Alten und den Jungen, seine gebackenen Eulen und Meerkatzen. Und da der nächste Tag Sankt Nikolaustag war und alle Leute nach kleinen Geschenken suchten, kam ihnen der sonderbare Bäckergeselle mit seinen Eulen und Meerkatzen gerade recht. „Endlich einmal etwas Neues!“, sagten sie. „Nicht immer nur diese langweiligen, runden Semmeln!“ Und sie kauften und kauften, und Till verdiente viel mehr Geld, als er dem Bäcker für den Teig gegeben hatte.

neu erzählt von Heinz Janisch

○ **1** „Ja, was soll ich denn backen?“ Was antwortet der Bäckermeister auf Tills Frage? Finde die Textstelle.

◒ **2** Welcher Satz gehört zu welchem Abschnitt? Ordnet zu und lest euch die passenden Abschnitte vor.

Eulenspiegel nimmt den Bäckermeister beim Wort und bäckt Eulen und Meerkatzen.

Eulenspiegel muss dem Bäcker den Teig bezahlen.

Eulenspiegel verdient mehr Geld, als er für den Teig bezahlt hatte.

◒ **3** Finde zu jedem Abschnitt eine Teilüberschrift und erzähle den Text nach. >>S. 67

● **4** Die Leute sagen oft: „Der ist ja verrückt.“ Was meinst du dazu? Begründe deine Meinung.

Zauberstab und Zauberhut

Zauberstab und Zauberhut,
Gelb mit blauen Drachen,
Stehn dem alten Zauberer gut,
Sind seine besten Sachen.
Abends in der Zauberküche
Übt er seine Zaubersprüche,
Das erhöht die Zauberkraft.
Zaubern kann er zauberhaft.

Morgens steht der Zauberer auf
Bringt die Zauberuhr in Lauf
An der Zauberkette.
Und er wäscht sich mit der Zauber-
Seife Hals und Ohren sauber
Und dann stehn ihm doppelt gut
Zauberstab und Zauberhut.

Peter Hacks

○ **1** Was übt der Zauberer in seiner Zauberküche? Finde die passende Textstelle.

● **2** Schreibe selbst einen kleinen Zauberspruch. Trage ihn wie ein Zauberer vor.

◒ **3** Welche Zauberwörter kannst du bilden? Finde zusammengesetzte Wörter im Gedicht. Schreibe sie auf.

Zauberu[redacted]	Zauberkra[redacted]	Zauberket[redacted]
Zauberh[redacted]	Zauberst[redacted]	Zaubersei[redacted]

Zaubertrick zum Nachmachen

Der Luftballontrick

Für diesen Zaubertrick benötigst du einen Luftballon, eine Stecknadel und einen kleinen Streifen durchsichtiges Klebeband.
Du bringst dein Publikum zum Staunen, denn du kannst mit einer Nadel in einen Luftballon stechen, ohne dass dieser zerplatzt!

So geht's:

1. Blase den Luftballon auf.

2. Nimm ein kleines Stück Klebeband und befestige es möglichst unauffällig am Ballon.

3. Stich nun vor den Augen der Zuschauer in den Ballon an die Stelle des Klebestreifens. Hokuspokus! Der Ballon platzt nicht.

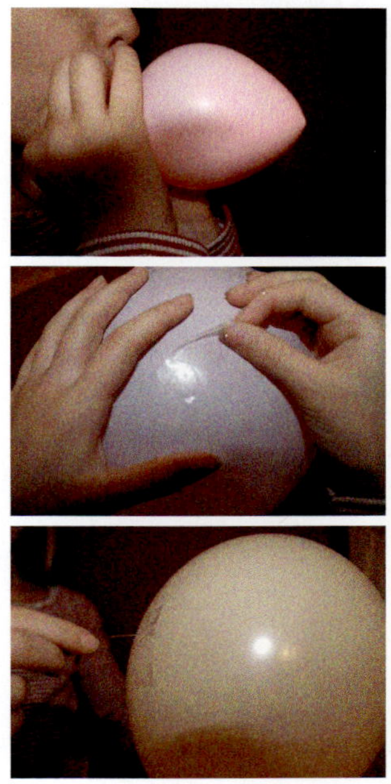

Die Erklärung:

Der Klebestreifen wirkt an der Einstichstelle wie eine zweite Haut und verstärkt den Ballon. Zieht man die Nadel heraus, entweicht die Luft nur ganz langsam. Dann ist der Zauber irgendwann vorbei, aber das Publikum schon längst weg.

Bernadette Girshausen

1 Finde Schlüsselwörter für den Ablauf des Zaubertricks. Schreibe sie auf. >>S. 29

2 Erkläre den Ablauf des Zaubertricks einem Partner.

3 Überlegt, welche Gesichtsausdrücke und Bewegungen zum Zaubertrick passen. Führt den Zaubertrick vor und gebt euch Rückmeldungen.

Der süße Brei

1 Wie verändern sich die Wörter?
Lies genau.

Wald bald	Frau Tau	Wort dort	einmal keinmal	Töpfchen Köpfchen

2 Welche Satzteile gehören zusammen?
Verbinde sie und lies sie.

Es war einmal •	• „Töpfchen, koch!“
Eine alte Frau schenkte •	• ein armes Mädchen.
Das Mädchen sagte: •	• dem Mädchen ein Töpfchen.
Das Töpfchen kochte •	• süßen Brei.

3 Wer kocht Brei?
Lies flüssig.

Eine Hexe kocht Brei.
Eine Moorhexe kocht Brei.
Eine Waldmoorhexe kocht Brei.
Ein Waldmoorhexchen kocht Grießbrei.

Der süße Brei

Es war einmal ein armes Mädchen. Das lebte mit seiner Mutter allein. Sie hatten nichts zu essen. Eines Tages schenkte ihm eine alte Frau ein Töpfchen, zu dem sollte es sagen: „Töpfchen, koch“, so kochte es süßen Brei. Wenn es sagte: „Töpfchen, steh“, so hörte es wieder auf zu kochen. Einmal ging das Mädchen aus, und die Mutter kochte sich Brei. Aber sie wusste das Wort nicht, um das Töpfchen zu stoppen. Also kochte es weiter, und das Haus und die Straße und die Stadt liefen voll Brei. Endlich kam das Kind heim und sprach nur: „Töpfchen, steh“, da hörte es auf zu kochen. Wer aber in die Stadt wollte, der musste sich durchessen.

nach den Brüdern Grimm

○ **1** Was erlebt das arme Mädchen? Erzähle.

○ **2** Woran erkennst du, dass das Mädchen arm ist? Lies nach.

○ **3** Wie verändern sich die Verben? Lies genau.

sie lebte sie lebten	sie schenkte sie schenkten	sie kochte sie kochten
sie wusste sie wussten	sie stoppte sie stoppten	

Der süße Brei

Es war einmal ein armes, frommes Mädchen, das lebte mit seiner Mutter allein, und sie hatten nichts mehr zu essen. Da ging das Kind hinaus in den Wald. Es begegnete ihm eine alte Frau. Sie schenkte ihm ein Töpfchen, zu dem sollte es sagen: „Töpfchen, koche“, so kochte es guten, süßen Hirsebrei. Wenn es sagte: „Töpfchen, steh“, so hörte es wieder auf zu kochen. Das Mädchen brachte den Topf seiner Mutter. Nun waren sie ihren Hunger los und aßen süßen Brei, sooft sie wollten. Einmal war das Mädchen ausgegangen, da sprach die Mutter: „Töpfchen, koche.“ Da kochte es und die Mutter aß sich satt. Nun wollte sie, dass das Töpfchen wieder aufhören sollte, aber sie wusste das Wort nicht. Also kochte es weiter, und der Brei stieg über den Rand hinaus und kochte immerzu, die Küche und das ganze Haus voll und das zweite Haus und dann die Straße, als wollte es die ganze Welt satt machen. Endlich, als nur noch ein einziges Haus übrig war, da kam das Kind heim und sprach nur: „Töpfchen, steh“, da hörte es auf zu kochen. Wer aber in die Stadt wollte, der musste sich durchessen.

nach den Brüdern Grimm

○ **1** Was erlebt das arme Mädchen? Erzähle.

○ **2** Woran erkennst du, dass das Mädchen arm ist? Lies nach.

◒ **3** Welche Wörter passen nicht?
Finde die Fallen und lies die Sätze richtig.

Es war keinmal einmal ein armes Mädchen.

Das Mädchen lebte bebte allein mit der Mutter.

Dem Kind wurde ein besonderes Töpfchen geschenkt geschmeckt.

Der süße Brei

Es war einmal ein armes, frommes Mädchen, das lebte mit seiner Mutter allein. Sie waren so arm, dass sie nichts mehr zu essen hatten. Da ging das Kind hinaus in den dunklen, kalten Wald. Es wollte schauen, ob es etwas Essbares fand. Dort begegnete ihm eine alte Frau, die kannte seinen Kummer schon und wollte dem frommen Mädchen helfen.
So schenkte sie ihm ein Töpfchen, zu dem sollte es sagen:
„Töpfchen, koche“, so kochte es guten, süßen Hirsebrei.
Wenn es sagte: „Töpfchen, steh“, so hörte es wieder auf zu kochen.
Das Mädchen brachte den Topf seiner Mutter, und nun waren sie ihre Armut und ihren Hunger los und aßen süßen Brei, sooft sie wollten.
Einmal war das Mädchen ausgegangen. Die Mutter hatte Hunger, darum sprach sie: „Töpfchen, koche.“
Da kochte es und die Mutter aß sich mit süßem Hirsebrei satt.
Nun wollte sie, dass das Töpfchen wieder aufhören sollte, aber sie wusste das Wort nicht. Sie probierte es mit: „Töpfchen, hör auf zu kochen.“ Und mit: „Töpfchen, ich bin satt.“ Und mit vielen anderen Sprüchen, aber der richtige war nicht dabei. Also kochte das Töpfchen weiter. Es wusste ja nicht, dass es aufhören sollte zu kochen. Und so stieg der Brei über den Topfrand hinaus und kochte immerzu, die Küche und das ganze Haus voll und das zweite Haus und dann die Straße, als wollte es die ganze Welt satt machen. Kein Mensch wusste sich mehr zu helfen. Endlich, als nur noch ein einziges Haus übrig war, da kam das Kind heim und sprach nur: „Töpfchen, steh“, da hörte es auf zu kochen. Wer aber in die Stadt wollte, der musste sich durchessen.

nach den Brüdern Grimm

1 Was erlebt das arme Mädchen? Erzähle.

2 Woran erkennst du, dass das Mädchen arm ist? Lies nach.

3 Welche Märchenmerkmale findest du in diesem Text? Belege mit Textstellen. >> S. 85

Märchen erkennen

Dornröschen

Vor Zeiten waren ein König und eine Königin. Die wünschten sich sehr ein Kind. Endlich gebar die Königin eine Tochter. Sie feierten ein großes Fest. Der König lud die weisen Feen seines Reiches ein.
Da er nur zwölf goldene Teller besaß, sollte die dreizehnte Fee zu Hause bleiben. Elf Feen beschenkten das Kind mit ihren Wünschen. Erbost betrat die dreizehnte Fee den Saal und sprach: „Die Königstochter soll sich in ihrem fünfzehnten Jahr an einer Spindel* stechen und tot niederfallen."
Alle waren erschrocken. Da trat die zwölfte Fee hervor, die ihren Wunsch noch nicht ausgesprochen hatte. So sprach sie: „Es soll aber kein Tod sein, sondern ein hundert Jahre dauernder Schlaf."
Der König ließ alle Spindeln in seinem Reich verbrennen. Alle guten Wünsche der Feen erfüllten sich. So war das Mädchen schön, freundlich und sittsam.
An ihrem fünfzehnten Geburtstag betrat die Königstochter einen Turm.
Sie stieg eine enge Treppe hinauf und betrat einen Raum, in dem eine alte Frau an einem Spinnrad saß, die Flachs spann. Das Mädchen interessierte sich sehr dafür und so geschah es, dass sie sich an der Spindel stach und in einen tiefen Schlaf fiel.
Der Schlaf breitete sich über das ganze Schloss aus. Die Hunde schliefen im Hof, die Tauben auf dem Dach. Der Braten hörte auf zu brutzeln und der Koch, der den Küchenjungen, weil er etwas verschüttet hatte, an den Haaren ziehen wollte, ließ ihn los und schlief. Um das Schloss herum aber wuchs eine riesige Dornenhecke. Überall im Land erzählte man sich von dem schönen, schlafenden Dornröschen.
Von Zeit zu Zeit versuchten sich Königssöhne einen Weg durch die Hecke zu bahnen. Aber die Dornen hielten sie fest. Eines Tages beschloss ein furchtloser Jüngling, das Dornröschen aufzusuchen. Da gerade die hundert Jahre vorbei waren, öffnete sich die Hecke und der Prinz konnte zu Dornröschen vortreten.
Er gab ihm einen Kuss. Dornröschen schlug die Augen auf und mit ihm erwachte der ganze Hofstaat. Die Hochzeit wurde in aller Pracht gefeiert und sie lebten vergnügt bis an ihr Ende.

nach den Brüdern Grimm

* Spindel: ein Teil des Spinnrades, es hält die Spule; die Spule ist die Rolle zum Aufwickeln des Garns

So kannst du Märchen erkennen

1. Du erkennst Märchen an ihrer **Sprache**.

- Sie beginnen oft mit gleichen oder ähnlichen Sätzen.

> Vor Zeiten ...
> Es war einmal ...
> In alten Zeiten, wo das Wünschen noch geholfen hat, ...

- Sie enden oft mit gleichen oder ähnlichen Sätzen.

> ... sie lebten vergnügt bis an ihr Ende.
> Und wenn sie nicht gestorben sind, dann leben sie noch heute.

- Manche Wörter klingen sehr alt.
  Man verwendet sie heute selten oder gar nicht mehr.

> Spindel, sittsam, niederfallen, ...

2. Du erkennst Märchen an ihrem **Inhalt**.

- Die **Figuren** sind gut oder böse. Sie tragen oft besondere Namen und können wundersame Dinge tun.

- Sie handeln an wundersamen **Orten**.

- Es gibt häufig wundersame oder verzauberte **Gegenstände**.

- Wundersame **Ereignisse** geschehen.

Wenn du noch mehr über wundersame Orte, Gegenstände oder Ereignisse erfahren möchtest, lies in dem Buch „Märchen für die Grundschule“.

>> S. 186: Buch, Figur; S. 187: Handlung

Auf den Spuren der Natur

Das Lied der Nachtigall

Die Nachtigall, sie war entfernt,
Der Frühling lockt sie wieder;
Was Neues hat sie nicht gelernt,
Singt alte, liebe Lieder.

Johann Wolfgang von Goethe

Der Regen

Die Wolke und die Wiese
Sind sich ganz nah gekommen
Als ich sie sehn wollt
Sind sie davongeschwommen.

Und nur ein Rauschen blieb
Rauscht eine lange Stunde
Da war die Luft gebadet
Und lag leicht im Munde.

Volker Braun

○ **1** Warum kann das Ich in dem Gedicht „Das Lied der Nachtigall" die Nachtigall wieder hören? Lies den passenden Vers.

● **2** Erfindet zu einem der Gedichte eine Melodie. Singt oder spielt sie euch vor. >>S. 165

● **3** Was passt im Gedicht „Der Regen" zu den Sinnen Sehen, Hören und Fühlen? Findet passende Verse. Lest sie euch vor.

>>S. 186: Gedicht / Strophe / Vers

Der Schmetterling ist in die Rose verliebt

Der Schmetterling ist in die Rose verliebt,
Umflattert sie tausendmal,
Ihn selber aber, goldig zart,
Umflattert der liebende Sonnenstrahl.

Jedoch, in wen ist die Rose verliebt?
Das wüsst ich gar zu gern.
Ist es die singende Nachtigall?
Ist es der schweigende Abendstern?

Ich weiß nicht, in wen die Rose verliebt;
Ich aber lieb euch all:
Rose, Schmetterling, Sonnenstrahl,
Abendstern und Nachtigall.

Heinrich Heine

1 Wie empfindest du das Gedicht: heiter, traurig, gefühlvoll ...? Beschreibe.

2 Welche Strophe findest du besonders schön? Trage sie deinem Partner vor. Lass dir eine Rückmeldung geben.

3 Welche wichtigen Wörter kommen in dem Gedicht mehrfach vor? Überlegt, warum.

Haiku

Sonne und Föhnwind,
Schneereste auf dem Rasen.
Horch: eine Amsel.

Martin Auer

4 Ein Haiku hat 17 Silben. Prüfe, ob dies auf das Gedicht zutrifft.

5 Schreibe ein Haiku über die Natur. Achte auf die Silbenzahl in jeder Zeile.

>> S. 186: Gedicht / Strophe / Vers

Der Regen

Es war einmal vor langer Zeit, als es nicht regnen wollte – viele Wochen hindurch. Da ging ein Bauer zum Regen und bat: „Wir haben geschlachtet und Kuchen gebacken. Komm, sei unser Gast!"
Gegen eine so freundliche Einladung hatte der Regen nichts einzuwenden. Er folgte dem Mann in sein Haus. Die Bäuerin, die Kinder, alle empfingen den Regen mit Freuden. Er fühlte sich wohl. Sieh mal an, wie gern sie mich haben! Einen Monat bleibe ich mindestens hier, sagte er sich. Gedacht, getan. Der Regen blieb. Doch schon nach ein paar Tagen klagte die Bäuerin: „Wo soll ich nur meine Wäsche trocknen!" Und der Bauer sorgte sich: „Das Getreide ist nass, das Wasser steht auf den Feldern. Wenn nur der Regen bald wieder ginge!"
Der Regen dachte nicht daran.
Ihm gefiel es bei den Leuten; und er hätte sie wohl niemals mehr verlassen, wäre nicht eines Tages der Wind vorbeigekommen. Der flüsterte dem Regen ins Ohr: „Schäm dich, so lange herumzusitzen und die Gastfreundschaft zu missbrauchen! Pack ein, reise ab, sieh gelegentlich wieder herein und alle werden dich herzlich willkommen heißen."
Und er nahm den Regen beim Schopf und schob ihn zum Tore hinaus.

lettisches Volksmärchen

1 Lest den Text im Tandem.
Überlegt: Was wollt ihr noch verbessern? >>S. 9

2 Warum empfangen alle den Regen mit Freuden?
Finde die passende Textstelle.

3 Worüber klagen Bauer und Bäuerin, als der Regen bleibt?
Tauscht euch darüber aus.

4 Was ist an den Figuren Regen und Wind märchenhaft?
Erklärt. >>S. 85

>>S. 186: Figur

Wie wird das Wetter heute?

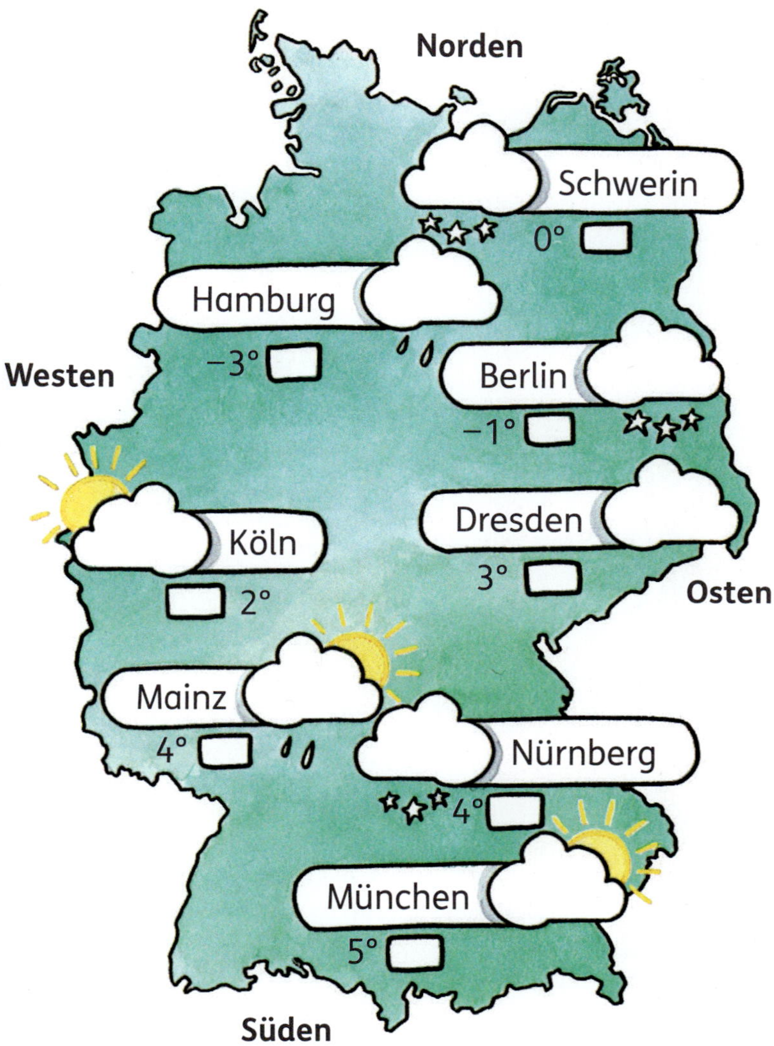

Über ganz Deutschland hängen dicke Regenwolken. Im Westen und Süden scheint ab und zu einmal die Sonne. Aber auch hier kann es regnen.

In fast ganz Deutschland scheint die Sonne. Ganz im Süden von Bayern verdecken allerdings dunkle Wolken den Himmel. Hier ist mit Regen zu rechnen.

Im Norden Deutschlands regnet oder schneit es an vielen Orten. Es bleibt auch kalt. Im Süden ist es wärmer. Die Sonne lässt sich dort häufiger blicken.

1 Betrachte die Wetterkarte genau. Finde den richtigen Text.

2 Wie wird das Wetter in München? Schreibe Sätze dazu auf.

3 Sprecht den Wetterbericht wie ein Nachrichtensprecher. Nehmt ihn auf und gebt euch Rückmeldungen, Tipps oder ein Lob zu eurem Sprechen.

Frau Tausendfuß heut Wäsche hat

Frau Tausendfuß heut Wäsche hat,
Das sind grad tausend Socken.
Auf einem Ebereschenblatt
Bläst sie ein Windchen trocken.
Tausend Socken sind recht viel.
Tausend Socken sind kein Spiel.
Alle sagen: Tausend Gruß,
So fleißig heut, Frau Tausendfuß?

Ein Spinnenweb als Wäschelein,
Kiefernnadeln als Klammern,
Als Sack ein Hirtentäschelein*,
Zwei hohle Nüss als Kammern.
Tausend Socken, ei der Daus,
Tausend Socken, das reicht aus.
Alle sagen: Tausend Gruß,
So fleißig heut, Frau Tausendfuß!

Peter Hacks

1 Was wäscht Frau Tausendfuß?
Finde die Textstelle und nenne die Zeile.

2 Vergleiche das Gedicht mit dem Bild.
Finde die Verse, die zum Bild passen, und trage sie vor.

3 Warum wird Frau Tausendfuß viele Male gegrüßt?
Begründet eure Meinungen.

4 Gestalte das Gedicht mit der Stimme, dem Körper oder mit Tönen und Musik. >>S. 165

*Hirtentäschelein: Hirtentäschel, auch Hirtentäschelkraut genannt, dessen Früchte den früheren Umhängetaschen von Hirten ähneln

 >>S. 186: Gedicht / Strophe / Vers

Gänseblümchen

Von Februar bis in den November hinein findest du die Blüten vom Gänseblümchen. Knospen und junge Blätter kannst du in Wildpflanzensalaten oder sogar als Gemüse verwenden. Aufgeblühte Blumen sind eine lustige, essbare Garnierung für das Kindergeburtstagsessen. Wenn du eine Flasche Kräuteröl oder Kräuteressig aufsetzt, vergiss nicht, auch ein paar Gänseblümchen hineinzutun.

Gänseblümchen-Gemüse:

Du brauchst dazu:

- 200 g noch nicht voll erblühte Gänseblümchenköpfe
- 1 Zwiebel
- 30 g Butter oder Margarine
- 3 Esslöffel saure Sahne
- etwas Salz und Pfeffer

Koche die Blütenköpfe etwa 3 Minuten in wenig Salzwasser. Gieße alles durch ein Sieb über einem Topf. Hebe das Kochwasser auf! Hacke die Blütenköpfe fein. Dünste die feingeschnittene Zwiebel in Butter oder Margarine, bis sie glasig ist. Gib die Gänseblümchen hinzu und rühre vorsichtig um. Nun koche alles etwa 3 Minuten und gib dabei ständig Gänseblümchenwasser dazu. Nimm das Gemüse vom Herd. Rühre saure Sahne darunter und würze mit etwas Salz und Pfeffer.

Elisabeth Manke

1 Wann kannst du das Gänseblümchen finden? Lies nach.

2 Welche Teile des Gänseblümchens sind essbar? Notiere die drei Teile.

3 Wie könnt ihr Gänseblümchen-Gemüse zubereiten? Erklärt es euch gegenseitig.

Alles wächst, wie es will

Peter ist guter Laune. Er sitzt im Zug nach Wiesdorf. Dort wird er Tante Hanne und Onkel Bert besuchen. Die beiden leben in einem alten Fachwerkhaus mit Werkstatt und einem kleinen Laden. Bert stellt Holzspielzeug her, Tante Hanne töpfert und verkauft die Sachen, meist an Urlauber, die im Sommer oder im Winter nach Wiesdorf kommen. Für Peter ist dort alles ganz anders als zu Hause in der Großstadt. Letztes Jahr hat er Töpfern und Schnitzen gelernt und mit den Nachbarskindern hinten im Garten Fußball gespielt. „Schön, dass du wieder da bist!“ Hanne drückt Peter und gibt ihm einen dicken Kuss. Als sie ins Haus kommen, saust Peter erst mal in die Werkstatt, wo Bert gerade ein Schaukelpferd zusammenleimt. „Tag, Junge!“ Er nimmt Peter in den Arm. „Ich schau mal schnell in den Garten.“ Peter läuft hinters Haus. Dieses Jahr sieht es da aber ganz anders aus als früher: Die Rasenfläche ist eine hohe Wiese geworden. Wahrscheinlich haben sie zu viel Arbeit gehabt, denkt Peter. Da kann ich gleich mal den Rasen mähen. Er rennt ins Haus zurück.

„Wo ist der Rasenmäher?“, fragt er. Bert lacht. „Den hab ich verkauft.“

„Verkauft?“, fragt Peter ungläubig. Bert geht mit ihm in den Garten.

„Das ist jetzt eine Blumenwiese, schön bunt, nicht?“ Peter sieht ihn erstaunt an, und Bert erklärt ihm: „Das ist ein Paradies für Schmetterlinge, Spinnen, Käfer und Bienen. Und im Winter können die Vögel noch die Samen von den Gräsern picken. Da spare ich sogar das Vogelfutter.“

„Und warum hast du da hinten den Berg Zweige liegen? Die kann man doch verbrennen.“ „Da überwintern die Marienkäfer und eine Igelfamilie.“

Das ist ja richtig spannend, denkt Peter. Vielleicht gibt es noch mehr zu entdecken!

Er guckt hoch in den Kirschbaum.

„Was sollen denn die umgestülpten Blumentöpfe mit der Holzwolle da oben?“

„Die sind für die Ohrenkneifer. Und die fressen dafür die Läuse von den Blättern.“

„Noch nie gehört!“ Peter schüttelt den Kopf. „Und warum liegt das grüne Zeug da zwischen den Kohlpflanzen?“

„Das ist eine Schicht aus Grasresten, Blättern und Brennnesseln. Man nennt sie ‚Mulch'. Das Grün hält die Erde schön feucht. Es verhindert, dass zwischen den Pflanzen etwas anderes wächst. Und außerdem düngt es auch noch, weil die Regenwürmer und andere kleine Tiere das Grün langsam in den Boden ziehen, wo es zu guter Erde wird."

„Das ist ja toll", staunt Peter.

„Und woher weißt du das alles?"

„Ich hab mal was darüber gelesen. Und dann habe ich einen Freund, der macht das alles schon seit vielen Jahren."

Plötzlich muss Peter lachen.

„Was ist denn daran so lustig?", fragt Bert verwundert.

Peter grinst. „Du bist ganz schön faul!"

„Wieso denn das?"

„Na, du erntest im Garten und lässt andere dafür arbeiten!"

Edgar Wüpper

1 Was ist bei Tante Hanne und Onkel Bert „ganz anders als zu Hause in der Großstadt"? Erzähle.

2 Für welche Tiere ist nun Hannes und Berts Garten ein Zuhause? Finde sie.

3 Peter sagt zu Bert: „Na, du erntest im Garten und lässt andere dafür arbeiten!" Tauscht euch darüber aus.

4 Finde zu jedem Abschnitt eine Teilüberschrift und erzähle den Text nach. >>S. 67

Steckbrief: Rotbuche

Name:	Rotbuche, auch gemeine Buche
Lateinisch:	Fagus sylvatica
Arten:	circa 250
Verbreitung:	Europa
Früchte:	Bucheckern
Blütezeit:	April–Mai
Höhe:	30–40 m
Alter:	bis zu 300 Jahre
Rinde:	weißlich-grau bis rötlich
Blätter:	wellig, 5–11 cm lang, 3–8 cm breit

Eine große Buche

... bringt im Frühjahr annähernd 600 000 Blätter hervor.

... filtert jährlich fast eine Tonne Staub, Bakterien und Pilzsporen aus der Luft.

... kommt auf circa 23 km Wurzellänge.

... gibt an einem Tag so viel Sauerstoff ab, wie 500 Menschen zum Atmen benötigen.

Bert Elsen

○ **1** Welche Namen trägt diese Buche und warum? Lies im Text und in der Sprechblase nach.

◒ **2** Warum sind Bäume für unsere Gesundheit wichtig? Tauscht euch darüber aus.

○ **3** Wie verändern sich die Wörter? Lies genau.

Buche	Buchenblatt	Rotbuche
Buchecker	Buchenblätter	Rotbuchenwurzel
Buchenholz	Rotbuchenblätter	Rotbuchenwurzellänge

Die Bavaria-Buche

Die Bavaria-Buche bei Pondorf (Landkreis Eichstätt) war weit über die Grenzen Bayerns hinaus bekannt und galt als einer der ältesten Bäume Deutschlands. Ihr, auch für eine Buche, ungewöhnliches Alter wurde auf etwa 800 Jahre geschätzt. Andere Angaben liegen zwischen 500 und 900 Jahren. Der Name „Bavaria-Buche“ ist seit Generationen überliefert, der Ursprung der Bezeichnung ist jedoch nicht bekannt. Als Einzelbaum von weit ausladendem, pilzförmigem Wuchs stand die Buche mitten in der Feldflur auf einer Wiese zwischen Getreidefeldern. In früheren Jahrhunderten bot die Buche Weidetieren und ihren Hirten Schatten.

Bäume sterben langsam und bei der Bavaria-Buche hatte das Absterben schon Jahre vor ihrem Zusammenbruch begonnen. Seit den 1990er-Jahren waren morsche Äste abgebrochen und der Baum verlor nach und nach Teile seiner Krone. In den Jahren 1999 und 2004 brachen große Äste ab und am 19. August 2006 brachte ein Sturm fast die halbe Baumkrone zu Fall.

2013 besiegelte ein heftiger Gewittersturm das Ende der Bavaria-Buche. Die Überreste der Buche werden nicht beseitigt, sondern dürfen an Ort und Stelle verwittern. Auch nach ihrem Tod ist die Bavaria-Buche damit noch Lebensraum für Vögel, Kleinsäuger, Lurche und eine Fülle von Insekten.

In den letzten Jahren vor ihrem Tod wurden Kinder der Bavaria-Buche auf dem Grundstück der Mutterbuche gepflanzt. So wie wir Menschen in unseren Kindern weiterleben, wird auch die Bavaria-Buche in ihren Baumkindern weiterleben.

Seit 2020 erinnert ein Gedenkgarten an den mächtigen Baum.

unbekannter Verfasser

1 Lest den Text im Tandem. >>S. 9

2 Welche Wörter versteht ihr nicht? Forscht mithilfe von Wörterbüchern oder Kindersuchmaschinen nach, was sie bedeuten.

3 Findet Schlüsselwörter. Gebt mit ihrer Hilfe wieder, was ihr über die Bavaria-Buche erfahrt. >>S. 29

MK Aufgabe 2

Wer kennt die Pflanze?

Auf dem Acker sprießt ein Kraut.
Hübsche Blüten wachsen dran,
außen weiß und innen gelb –
aber keiner schaut sie an.

Beeren trägt die Pflanze dann
saftig, grün und kugelrund.
Willst du eine? Pfui, das Zeug
kommt mir nicht in den Mund!

Weg das Kraut! Es auszurotten
wird der Boden aufgewühlt,
dass die Erde und das, was drin ist,
fröhlich in die Gegend fliegt.

Doch nun kommt es an den Tag:
Hier versteckt im Boden sitzt
unseres Krautes wahrer Wert,
was uns nährt und was uns nützt.

Josef Guggenmos

○ **1** Betrachtet die Fotos.
Lest die passenden Strophen betont vor.

◒ **2** Woran erkennst du die Pflanze?
Finde die Verse.

● **3** „Wer kennt die Pflanze?“ Beantworte die Frage, indem du dem Gedicht eine eigene Überschrift gibst.

>> S. 186: Gedicht / Strophe / Vers

Wie kam die Kartoffel nach Deutschland?

Die Kartoffel stammt aus Südamerika. Die Inkas haben sie in den Anden* noch in 3 000 und 4 000 m Höhe auf den dortigen schlechten Böden angebaut, wo kein Mais mehr wuchs. Sie nannten sie „papa“, das heißt „Knolle“.
Die Spanier brachten die Kartoffel im sechzehnten Jahrhundert nach Europa. Aber zunächst dachte man nicht daran, sie zu essen. Vielmehr hielt man sie wegen ihrer schönen weiß-lila Blüten in den Gärten von Botanikern** und Fürsten als seltene Kostbarkeit.
Im siebzehnten Jahrhundert kam die Kartoffel zu uns. Um ihre Verbreitung hier hat sich besonders der Preußenkönig Friedrich der Große im achtzehnten Jahrhundert verdient gemacht.
Die Bauern in Preußen*** wehrten sich anfangs allerdings gegen den Anbau der Kartoffel. Vermutlich probierten sie zunächst die aus den Blüten entstandenen, wie kleine grüne Tomaten aussehenden, ungenießbaren Früchte. Auch die Kartoffelknollen aus der Erde schmeckten ihnen ungekocht nicht. Sogar die Hunde wollten sie nicht fressen. Und eine Pflanze, die über der Erde (leicht) giftig war, sollte in der Erde ungiftig sein?
Die Deutschen kennen bis heute das Sprichwort: „Was der Bauer nicht kennt, frisst er nicht.“ Deshalb erließ Friedrich der Große 1756 den „Kartoffelbefehl“: Jeder Bauer musste unter Androhung von Strafe Kartoffeln anbauen.

Hans Misdorf

1 Findet Schlüsselwörter. Gebt mit ihrer Hilfe wieder, was ihr über die Kartoffel erfahrt. >>S. 29

2 Welchen Bezug gibt es zwischen dem „Kartoffelbefehl“ und dem Sprichwort „Was der Bauer nicht kennt, frisst er nicht“? Erklärt.

3 Ein anderer Name für Kartoffel ist „Erdapfel“. Forsche mithilfe von Kindersuchmaschinen nach, wie es zu dem Namen gekommen sein könnte.

*Anden: Gebirge in Südamerika
**Botaniker: Wissenschaftler, die über Pflanzen forschen
***Preußen: Name eines früheren deutschen Landes

Vom Raben und Fuchs

Ein Rabe hatte einen Käse gestohlen
und setzte sich auf einen hohen Baum
und wollte ihn verzehren.
Da er aber, wie es seine Art ist,
nicht schweigen kann, wenn er isst,
hörte ihn ein Fuchs über dem Käse
krächzen und lief herzu und sprach:
„O Rabe, ich habe mein Lebtag
keinen schöneren Vogel gesehen als dich.
Wenn du auch eine so schöne Stimme hättest,
sollte man dich zum König der Vögel krönen."
Den Raben kitzelte solches Lob
und Schmeicheln, er wollte seinen
schönen Gesang hören lassen
und als er den Schnabel auftat,
entfiel ihm der Käse.
Den nahm behände* der Fuchs,
fraß ihn und lachte über den Raben.
Hüt dich vor Schmeichlern.

Martin Luther

1 Mit welchen Worten spricht der Fuchs den fressenden und krächzenden Raben an? Lies nach.

2 Woran kannst du erkennen, dass der Text eine Fabel ist? Belege mit Textstellen. >>S. 105

3 Lest die Lehre. Erklärt, wie sie zu verstehen ist. >>S. 105

4 Welche Gesichtsausdrücke und Bewegungen passen zu der Fabel? Gebt euch Tipps. Spielt die Begegnung zwischen Raben und Fuchs.
Die Lehre können alle laut mitsprechen. >>S. 185

*behände: geschickt und flink

Der Fuchs und die Trauben

○ **1** Betrachte die Bilder.
Vermute, was in der Fabel geschehen könnte. >>S. 105

An einem heißen Tag entdeckte der Fuchs eine Weinlaube* mit reifen, saftigen Trauben. „Das ist genau das Richtige für mich“, dachte er. Er stellte sich auf die Zehen und reckte seinen Hals, so weit er konnte. Aber die Trauben hingen zu hoch. Der Fuchs wurde immer gieriger und begann, nach ihnen zu springen, höher und höher, aber er erreichte sie nicht. Schließlich gab er auf, schlapp und zornig. „Pah“, sagte er. „Ich will die Trauben gar nicht haben. Sie sind ja viel zu sauer.“

nach Äsop, neu erzählt von Tilde Michels

◒ **2** Was denkt der Fuchs über die Trauben am Anfang und am Ende der Fabel? Vergleicht. >>S. 105

● **3** Erinnere dich an deine Vermutung. Hat sie sich bestätigt? Begründe.

* Weinlaube: von Wein überwachsene Laube

Der Bauer und der Teufel

○ **1** Was wächst nicht auf einem Feld?
Finde das Wort.

Weizen | Rüben | Bäuerlein | Raps
Erdbeeren | Hafer | Kartoffeln

◒ **2** Wer oder was ist es?
Lies genau.

ein kluges, verschmitztes Bäuerlein
ein Haufen feuriger Kohlen
ein kleiner, schwarzer Teufel
ein listiges Bäuerlein
ein gelbes, welkes Blatt

◒ **3** Kennst du die Bedeutung?
Verbinde die passenden Wortgruppen.

jemanden prellen •	• schlecht gelaunt sein
verschmitzt sein •	• pfiffig sein
missvergnügt sein •	• jemanden betrügen
jemanden zum Narren halten •	• jemandem einen Streich spielen

○ **4** Was erfährst du über den Bauer und den Teufel?
Lies genau.

Ein Bauer hatte den Teufel zum Narren gehalten.
Der Teufel fuhr wütend in eine Felsenschlucht hinab.

Der Bauer und der Teufel

Es war einmal ein kluges Bäuerlein. Es hatte seinen Acker bestellt und wollte heimfahren. Da sah es auf dem Acker einen Haufen feuriger Kohlen. Oben auf saß ein kleiner, schwarzer Teufel. Das Bäuerlein fragte: „Du sitzt wohl auf einem Schatz?“ Der Teufel antwortete: „Jawohl.“ Das Bäuerlein sprach: „Der Schatz liegt auf meinem Feld. Deshalb gehört er mir.“ Der Teufel antwortete: „Gib mir zwei Jahre lang die Hälfte von dem, was auf deinem Acker wächst. Dann ist er dein.“ Das Bäuerlein war mit dem Vorschlag einverstanden: „Damit wir uns aber nicht streiten, bekommst du, was über der Erde ist und ich, was unter der Erde ist.“ Das listige Bäuerlein hatte aber Rüben gesät. Als der Teufel ernten wollte, fand er nur gelbe Blätter. Das Bäuerlein grub vergnügt seine Rüben aus. Der Teufel sprach missvergnügt: „Das nächste Mal ist dein, was über der Erde ist und mein, was darunter ist.“ Das kluge Bäuerlein säte dieses Mal jedoch Weizen. Zur Erntezeit schnitt das Bäuerlein die vollen Halme bis zur Erde ab. Der Teufel musste sich mit den Stoppeln begnügen. Vor Wut fuhr er in eine Felsenschlucht hinab. Das Bäuerlein sprach: „So muss man die Füchse prellen“, und holte sich den Schatz.

nach den Brüdern Grimm

○ **1** Welche Bedingungen stellt der Teufel für den Handel mit dem Bauern? Lies nach.

◒ **2** Wie überlistet der Bauer den Teufel? Erzähle.

◒ **3** Welches Wort passt nicht? Finde die Fallen und lies die Sätze richtig.

Es war einmal ein kluges faules Bäuerlein.

Das Bäuerlein hatte Rüben gemäht gesät.

Der Bauer und der Teufel

Es war einmal ein kluges und verschmitztes Bäuerlein. So hatte es den Teufel zum Narren gehalten: Das Bäuerlein hatte seinen Acker bestellt. Nun wollte es heimfahren. Da sah es auf einem Haufen feuriger Kohlen einen kleinen, schwarzen Teufel. „Du sitzt wohl auf einem Schatz?“, sprach das Bäuerlein. „Jawohl“, antwortete der Teufel. „Der Schatz liegt auf meinem Feld und gehört mir“, sprach das Bäuerlein. „Er gehört dir“, antwortete der Teufel, „wenn du mir zwei Jahre lang die Hälfte von dem gibst, was dein Acker hervorbringt.“ Das Bäuerlein ging auf den Handel ein und sprach: „Damit wir uns nicht streiten, soll dir gehören, was über der Erde ist und mir, was unter der Erde ist.“ Dem Teufel gefiel der Vorschlag. Das listige Bäuerlein hatte aber Rüben gesät. Als die Zeit der Ernte kam, erschien der Teufel. Er fand nur gelbe, welke Blätter. Das Bäuerlein grub vergnügt seine Rüben aus. Der Teufel sprach missvergnügt: „Das nächste Mal ist dein, was über der Erde wächst und mein, was unter der Erde ist.“ Aber das Bäuerlein säte nicht wieder Rüben, sondern Weizen. Zur Erntezeit ging das Bäuerlein auf den Acker und schnitt die Halme bis zur Erde ab. Als der Teufel kam, fand er nichts als die Stoppeln. Er fuhr wütend in eine Felsenschlucht hinab. „So muss man die Füchse prellen“, sprach das Bäuerlein und holte sich den Schatz.

nach den Brüdern Grimm

○ **1** Welche Bedingungen stellt der Teufel für den Handel mit dem Bauern? Lies nach.

◒ **2** Wie überlistet der Bauer den Teufel? Erzähle.

○ **3** Wie oft findest du das Wort „Schatz“ in der Zeile? Lies genau.

SCHATZSATZSCHATZSATZPLATZSPATZSCHATZSPATZSCHATZSATZPLATZ

Der Bauer und der Teufel

Es war einmal ein kluges und verschmitztes Bäuerlein. Viele Streiche wären von ihm zu erzählen. Der schönste Streich ist aber der, wie er den Teufel zum Narren gehalten hat. Das Bäuerlein hatte eines Tages seinen Acker bestellt und wollte heimfahren. Da erblickte es auf seinem Acker einen Haufen feuriger Kohlen. Oben auf der Glut saß ein kleiner, schwarzer Teufel. „Du sitzt wohl auf einem Schatz?“, sprach das Bäuerlein. „Jawohl“, antwortete der Teufel. „Der Schatz liegt auf meinem Feld und gehört mir“, sprach das Bäuerlein. „Er gehört dir“, antwortete der Teufel, „wenn du mir zwei Jahre lang die Hälfte von dem gibst, was dein Acker hervorbringt.“ Das Bäuerlein ging auf den Handel ein. „Damit wir bei der Teilung nicht streiten, soll dir gehören, was über der Erde ist und mir, was unter der Erde ist.“ Dem Teufel gefiel der Vorschlag. Aber das listige Bäuerlein hatte Rüben gesät. Als die Zeit der Ernte kam, erschien der Teufel. Was fand er? Nur gelbe, welke Blätter. Das Bäuerlein grub vergnügt seine Rüben aus. Der Teufel sprach missvergnügt: „Einmal hast du den Vorteil gehabt. Das nächste Mal ist dein, was über der Erde wächst und mein, was unter der Erde ist.“ Aber das Bäuerlein säte nicht wieder Rüben, sondern Weizen. Zur Erntezeit ging das Bäuerlein auf den Acker und schnitt die Halme bis zur Erde ab. Als der Teufel kam, fand er nichts als die Stoppeln. Er fuhr wütend in eine Felsenschlucht hinab. „So muss man die Füchse prellen“, sprach das Bäuerlein und holte sich den Schatz.

nach den Brüdern Grimm

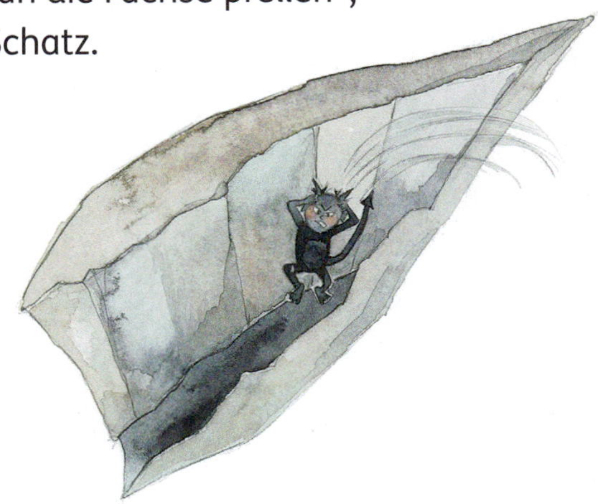

○ **1** Welche Bedingungen stellt der Teufel für den Handel mit dem Bauern? Lies nach.

◒ **2** Wie überlistet der Bauer den Teufel? Erzähle.

● **3** „So muss man Füchse prellen.“ Was meint der Bauer damit? Erkläre.

Eine Fabel erkennen

Der Löwe und die Maus

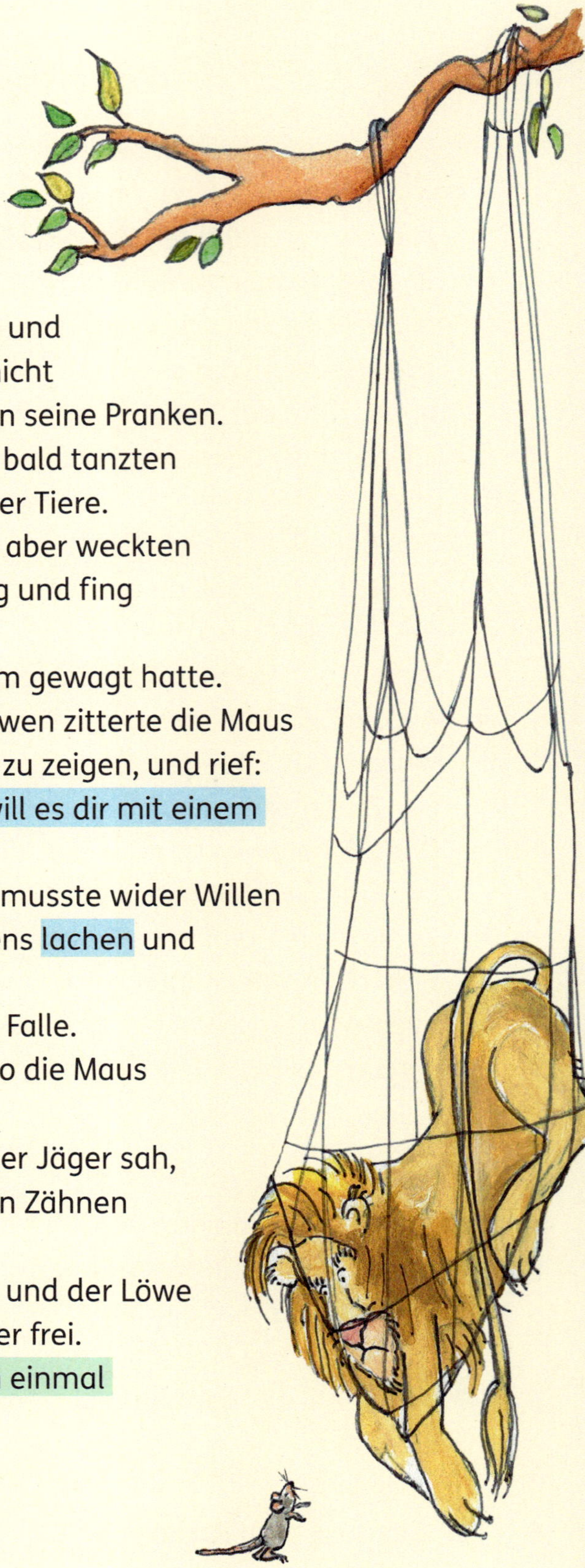

Ein Löwe lag im Schatten eines Baumes und schlief.

Einige Mäuse liefen neugierig zu ihm hin, und weil sich das schlafende, mächtige Tier nicht bewegte, hüpfte eine der Mäuse zwischen seine Pranken.

Da wurden auch die anderen mutig, und bald tanzten alle Mäuse auf dem schlafenden König der Tiere.

Die tanzenden Mäuse auf seinem Körper aber weckten den Löwen auf, er schüttelte sich unwillig und fing eine von ihnen mit seiner Pranke.

Es war jene Maus, die sich als Erste zu ihm gewagt hatte.

Nun, unter der gewaltigen Pranke des Löwen zitterte die Maus wohl vor Furcht, versuchte aber, es nicht zu zeigen, und rief: „Ich bitte dich, schone mein Leben! Ich will es dir mit einem Gegendienst vergelten.“

Der Löwe hob verdutzt seine Pranke und musste wider Willen über die dreiste Rede des kleinen Tierchens lachen und ließ es laufen.

Einige Zeit später geriet der Löwe in eine Falle.

Es war aber nicht fern von jener Stelle, wo die Maus in ihrem Erdloch lebte.

Als sie den Löwen hilflos in den Netzen der Jäger sah, lief sie zu ihm und nagte mit ihren spitzen Zähnen eine Schlinge entzwei.

Dadurch lösten sich die anderen Knoten, und der Löwe konnte das Netz zerreißen und war wieder frei.

Keiner ist so schwach, dass er nicht auch einmal einem Starken helfen könnte.

Äsop

So kannst du eine Fabel erkennen

Eine Fabel ist eine **kurze Erzählung**.

1. In einer Fabel begegnen sich meist zwei Tiere.

der Löwe und die Maus

2. Die Tiere sprechen und handeln wie **Menschen**.

Maus: „Ich bitte dich, schone mein Leben! Ich will es dir mit einem Gegendienst vergelten."

lachen

3. In einer Fabel ist immer eine **Lehre** enthalten. Diese wird häufig am Ende der Fabel ausgesprochen.

Keiner ist so schwach, dass er nicht auch einmal einem Starken helfen könnte.

>> S. 186: Erzählung/Erzähler; S. 187: Handlung

Hier und anderswo

Kinder einer Welt

Der eine isst gern Pudding,
der andre trocknes Brot.
Der eine lebt im Hochhaus,
der andre auf 'nem Boot.
Ein andrer schläft im Himmelbett
und einer schläft im Zelt.
Und alle, wie sie da sind,
sind sie Kinder dieser Welt.

Der eine kann gut rechnen,
was der zweite nicht gut kann.
Doch das ist nicht so wichtig –
es kommt nur darauf an,
dass man dran denkt und nie vergisst
und Tag und Nacht behält:
Alle, die wir da sind,
sind Kinder dieser Welt.

Bernie Conrads

○ **1** In einigen Versen des Gedichtes werden Gegensätze beschrieben? Finde sie.

● **2** Was ist in den beiden letzten Versen jeder Strophe anders? Überlegt, warum.

● **3** Was findet der Autor des Gedichtes wichtig? Findet die passende Aussage im Gedicht und tauscht eure Meinungen dazu aus.

 >>S. 186: Autor, Gedicht/Strophe/Vers

Du fragst mich: Wo kommen die Worte her?

Du fragst mich: Wo kommen die Worte her?
Aus der Regenharfe, aus dem Wolkenmeer,
aus dem Sternenband, aus dem Waldesrand,
aus dem Wüstensand, aus dem Andersland,
aus der Einsamkeit, aus dem Glück zu zweit,
aus dem Gesternkleid, aus der Zukunftszeit,
aus dem Krähenbaum, aus dem Wünschetraum,
aus dem Wiesensaum, aus dem Weltenraum,
aus dem Straßenkrach, aus dem Plauderbach,
aus dem Vielzuschwach, aus dem Bessermach,
aus der Lesebrille, aus der Sommergrille,
aus der schrillsten Stille, aus der stillsten Stille,
aus dem Hier und Dort, aus dem fernsten Ort,
und so immerfort Wort um Wort um Wort ...
Ach, wie kannst du nur fragen, es ist doch nicht schwer:
Von überall kommen die Worte her.

Wolf Harranth

1 Wo kommen die Worte her?
Lies Beispiele aus dem Gedicht vor.

2 Welche Nomen sind Fantasiewörter?
Erklärt sie euch.

3 In einigen Versen werden Gegensätze beschrieben.
Findet die Verse und lest sie euch gegenseitig vor.

>>S. 186: Gedicht/Strophe/Vers

Malala, jüngste Friedensnobelpreisträgerin

Seit ihrem elften Lebensjahr kämpft Malala dafür, dass in ihrer Heimat Pakistan jedes Mädchen zur Schule gehen darf.

Ihr Weg: Malala kommt 1997 im pakistanischen Swat-Tal zur Welt. Ein hübscher Flecken Erde – bis 2007. Da übernehmen die Taliban* dort die Macht und sorgen für Terror und Schrecken. Sie foltern, sprengen Schulen in die Luft. Die Taliban finden gerade Mädchenbildung überflüssig. Malala beschließt, dagegen zu kämpfen. Schreibt einen Internetblog**, spricht vor Politikern – und bezahlt ihren Mut fast mit dem Leben: 2012 wird sie im Schulbus von Taliban angeschossen! Seither lebt sie mit ihrer Familie in England.

Ihr Erfolg: Sie hat Mädchenbildung zu einem weltweit beachteten Thema gemacht und bekannte Menschen – vom Sänger Justin Bieber bis US-Präsident Obama – dazu gebracht, ihr Anliegen zu unterstützen. Im Dezember 2014 erhielt die damals 17-Jährige dafür den Friedensnobelpreis***, als jüngste Preisträgerin aller Zeiten.

Ihr Ziel: Bildung für alle!

unbekannter Verfasser

○ **1** Lest den Text im Tandem. >>S. 9

◒ **2** Malala hat viel erlebt. Findet Schlüsselwörter im Text. >>S. 29

◒ **3** Welche Textstelle passt zu dem Foto? Vergleicht.

● **4** Wie findet ihr Malalas Anstrengungen? Begründet eure Meinungen. >>S. 125

* Taliban: arabisches Wort für „Koranschüler"; Gruppe von strenggläubigen, gewaltbereiten Muslimen

** Internetblog: auf einer Website geführtes Tagebuch, in dem eine Person, der Blogger oder die Bloggerin, Aufzeichnungen führt

*** Friedensnobelpreis: ein Preis für eine Person, die sich besonders für den Frieden auf der Welt eingesetzt hat

Dialog

„Du redest so gut Deutsch. '
Wo kommst du denn her?"

„Aus Hamburg."

„Wieso? Du siehst aber nicht so aus?"

„Wie sehe ich denn aus?"

„Na ja, so schwarzhaarig und dunkel ..."

„Na und?"

„Wo bist du denn geboren?"

„In Hamburg."

„Und dein Vater?"

„In Hamburg."

„Deine Mutter?"

„Im Iran."

„Da haben wir's."

„Was denn?"

„Dass du keine Deutsche bist!"

„Wer sagt das?"

„Na ich!"

„Warum?"

„Weiß ich auch nicht ..."

Nasrin Siege

1 „Da haben wir's ... Dass du keine Deutsche bist!"
Wie kommt es zu dieser Äußerung? Erkläre.

2 Warum heißt es am Ende des Dialogs „Weiß ich auch nicht ..."?
Tauscht euch darüber aus. >>S. 125

3 Überlegt euch Gesichtsausdrücke und Bewegungen, die zum Dialog passen. Tragt ihn mit verteilten Rollen vor. Gebt euch Tipps oder ein Lob. >>S. 185

>>S. 186: Dialog; S. 188: Nasrin Siege

Der Koffer

„Endlich geht es wieder auf die Reise!“, freute sich der große braune Koffer, als er hervorgeholt wurde. Dann gähnte er. Der lange Winterschlaf war nun zu Ende. Er wurde abgestaubt, der Deckel hochgeklappt und dann füllte man ihn. Der Koffer war das gewohnt: Wäsche, Kleider, Bücher, Bademäntel. Man schlug den Deckel zu und zog den Lederriemen fest. „Nun kann es losgehen!“, sagte der Koffer zufrieden, „ach, wie ich das Geschaukle liebe, dies Auf und Ab. Nun fährt man mich zum Bahnhof, nun trägt man mich in den Zug, nun hebt man mich ins Gepäcknetz.“

„Nicht so rücksichtslos!“, hörte er eine Stimme sagen. Neben ihm lag eine vornehme Hutschachtel. Der Koffer rückte ein wenig nach der anderen Seite. Da lag ein prall gefüllter Rucksack. Als der Zug sich in Bewegung setzte, war der Koffer zufrieden. Er reiste für sein Leben gern.

„Herrliches Reisewetter“, sagte der Koffer und wandte sich an die Hutschachtel. Doch die antwortete ihm nicht. Sie war zu vornehm und tat, als hätte sie ihn nicht gehört. Da schaute der Koffer seinen zweiten Begleiter an. Er schnupperte: „Sie riechen nach Schmalzbrot“, sagte er.

„Na und“, meinte der Rucksack, „warum darf man nicht nach Schmalzbrot riechen, wenn man eine Wanderung vorhat?“ „In welchem Hotel steigen Sie ab?“, fragte der Koffer. „Hotel?“, fragte der Rucksack. „Ich gehe in kein Hotel. Ich mache eine Bergwanderung!“

„Und nachts?“, wollte der Koffer wissen. „Nachts schlafe ich in einer Berghütte und manches Mal sogar im Freien.“ „Sie wollen mir doch nicht erzählen, dass Sie schon mal auf einer Wiese geschlafen haben?“, fragte der Koffer.

„Doch, doch“, antwortete der Rucksack fröhlich, „das habe ich. Und ich habe noch viel mehr gesehen: Seen und Berge, blauen Himmel und dunkle Wälder, Schnee auf dem Gipfel und Wasserfälle aus den Felsen, Segelboote auf dem Meer und Dampfer auf den Flüssen.“

„Nein, so was …“, seufzte der Koffer, „ich wollte, ich könnte auch einmal etwas Ähnliches erleben. Ich kenne nur Autos, Eisenbahn und Hotelzimmer. Und dabei dachte ich immer, ich hätte schon die ganze Welt gesehen, und nun ist das gar nichts gegen die Dinge, die Sie erlebt haben.“ Auf einmal war er nicht mehr mit seinem Los zufrieden. Vor Sehnsucht seufzte und knarrte er so laut, dass die Hutschachtel noch ein wenig weiter von ihm abrückte. Dann lauschten sie alle drei dem eintönigen Geratter des Zuges, der sie ihrem Ziel entgegenbrachte: den Rucksack zu einem neuen Abenteuer, den Koffer in ein Hotel mit Klimaanlage und die Hutschachtel in eine staubige Stadt.

Sibylle Mews

1 Wer unterhält sich in der Erzählung miteinander? Lies nach.

2 Warum ist der Koffer auf den Rucksack neidisch? Findet eine passende Textstelle und lest sie euch gegenseitig vor.

3 Lest die Erzählung mit verteilten Rollen. Ihr könnt sie auch spielen, euch dabei filmen oder als Hörspiel aufnehmen. Gebt euch Tipps oder ein Lob zu eurem Spiel und eurem Sprechen. >>S. 185

Rucksack packen

Heute will ich wandern gehen. Ich packe in meinen Rucksack
mein Frühstücksbrot.

Heute will ich wandern gehen. Ich packe in meinen Rucksack
mein Frühstücksbrot und meine Trinkflasche mit Tee.

Heute will ich wandern gehen. Ich packe in meinen Rucksack
mein Frühstücksbrot, meine Trinkflasche mit Tee und einen Apfel …

Mein Rucksack ist voll, wenn ich mein Frühstücksbrot,
meine … eingepackt habe.

nach einer Idee von Margret Rettich

Brot bei uns und in anderen Ländern

Brot in Bayern

Ein uriges Bauernbrot, Brezen und Semmeln gehören in Bayern von jeher zu einer zünftigen Brotzeit. Besonders beliebt sind sie, wenn sie frisch aus dem Ofen kommen. Bevorzugt werden die knusprigen, kleinen Laibe und Bauernbrote aus Natursauerteig, gern auch mit Sonnenblumenkernen oder Walnüssen. Die großen Brotlaibe haben 2 kg Gewicht und werden im Brotkasten oder in eigenen Brottöpfen aufbewahrt, damit sie lange frisch bleiben.

Beate Eckert-Kalthoff

Brot in ganz Deutschland

In ganz Deutschland gibt es verschiedene helle und dunkle Brotsorten. Weizen, Hafer, Roggen, Gerste und Dinkel eignen sich für die Brotherstellung. Roggenbrot, Mischbrot, Mehrkornbrot, Vollkornbrot, Schwarzbrot oder Weizenbrot werden bei uns häufig gegessen. Besonders gut schmeckt das Brot, wenn es im Steinofen oder im Holzofen gebacken wird. Jeder Mensch in Deutschland isst in einem Jahr ungefähr 85 kg Brot.

Brot in Italien

Die Italiener essen häufig Ciabatta. Ciabatta heißt übersetzt „Pantoffel“. Der Name hat seinen Ursprung darin, dass das Brot flach, breit und langezogen ist und einem Hausschuh ähnelt. Oft würzen die Italiener ihr Brot mit Tomaten, Walnüssen, Oliven oder verschiedenen Kräutern.

Brot in Frankreich

Die Franzosen essen gern Baguette. Baguette ist ein längliches Weißbrot, das eine knusprige Kruste hat. Dieses Brot wird aus Weizenmehl, Hefe, Salz und Wasser hergestellt. Fast jeder Bäcker in Frankreich hat ein eigenes Rezept für das Baguette. Meistens wird das Brot schräg in Scheiben geschnitten oder in Stücke gebrochen.

Brot in der Türkei

Fladenbrot ist fast überall auf der Welt bekannt. Das türkische Fladenbrot wird „Yufka“ genannt. Es besteht aus Mehl, Salz und Wasser. Manchmal wird Öl oder Hefe hinzugegeben. Da der Brotteig kaum aufgeht, ist das Fladenbrot nur wenige Zentimeter dick. Somit besteht es nur aus einer Ober- und einer Unterkruste. Manchmal wird das fertige Brot mit Sesam oder Schwarzkümmel bestreut.

Brot in Schweden

Das Knäckebrot stammt aus Schweden. Es ist sehr dünn und knusprig. „Knäcka“ heißt übersetzt „brechen“. Es besteht aus Mehl, etwas Salz und sehr wenig Wasser. Es wird sehr kurz und heiß gebacken und anschließend getrocknet. Dadurch ist es sehr lange haltbar und kann gut auf Vorrat gebacken werden.

nach Stefanie Erdmann

Ciabatta sprichst du so aus: „Tschabatta“, Baguette so: „Bagett“.

1 Wählt einen Text aus. Lest ihn im Tandem. >>S. 9

2 Woher kommen die unterschiedlichen Brotsorten? Lege in deinem Heft eine Tabelle an:

Länder	Brotsorten

Der Englische Garten in München

Der Englische Garten in München gehört zu den größten Stadtparks der Welt. Im Englischen Garten gibt es Bäche, einen See, Wiesen und viele Bäume. Man kann spazieren gehen, sich zu einem Picknick treffen, auf den Wiesen spielen oder mit dem Tretboot fahren. Das Wahrzeichen* des Englischen Gartens ist der Chinesische Turm. Er ist aus Holz und 25 Meter hoch. Er wurde nach dem Vorbild einer Pagode** gebaut. Das ist ein Turm mit mehreren Stockwerken, den man häufig in China, Vietnam oder Japan findet. Schon im neunzehnten Jahrhundert trafen sich am Chinesischen Turm im Sommer an jedem Sonntagmorgen Köche, Diener, und Mägde. Sie tanzten vor Beginn ihrer Arbeit. Dieser Brauch hat sich bis heute erhalten. Einmal im Jahr kommen die Menschen zum Kocherlball***, so heißt dieses Fest, und tanzen in Tracht Volkstänze. Viele Menschen treffen sich bei schönem Wetter im Biergarten am Chinesischen Turm.

Silke Meggendorfer

1 Was ist das Besondere am Englischen Garten? Belege deine Antwort mit Textstellen.

2 Wie entstand der Kocherlball? Erkläre.

3 Was gefällt dir am Englischen Garten? Begründe mit entsprechenden Textstellen.

* Wahrzeichen: ein besonderes Merkmal eines Gebäudes oder einer Stadt oder einer Landschaft
** Pagode: ein turmartiger Tempel in Ostasien
*** Kocherl: Mägde, Köchinnen, Gärtner und Diener der „feinen“ Gesellschaft

Wie Rosenheim zu seinem Namen kam

Eines Tages zog ein reicher Handelsmann mit seiner Familie innabwärts* in die Gegend unserer heutigen Stadt Rosenheim. Nachdem er ein Stück Land gefunden hatte, das ihm gefiel, siedelte er sich dort an und führte von hier aus seine Geschäfte. Er ließ Häuser bauen und immer mehr Leute zogen zu. Der Handelsmann hatte eine schöne Tochter. Da kam einmal ein armer Bursche in die Gegend. Als er das Mädchen sah, gefiel es ihm so gut, dass er es gleich heiraten wollte. Der junge Mann wollte dem Mädchen ein besonders kostbares Geschenk machen. Da er aber kein Geld hatte, suchte er das ganze Land nach seltenen und schönen Rosen ab. Wenn er eine fand, pflanzte er sie vor das Haus des Mädchens. Allmählich blühten dort die prachtvollsten und seltensten Rosen. Von weit und breit kamen die Leute, um die Rosen zu bewundern. Der Ort wurde immer bekannter. Nun beschlossen die Einwohner, ihm den Namen „Rosenheim“ zu geben. Noch heute zeigt das Stadtwappen eine Rose.

Max Einmayr

1 Was macht der arme Bursche, um dem schönen Mädchen zu gefallen? Finde passende Textstellen in der Sage.

2 Warum beschließen die Einwohner, ihrem Ort den Namen „Rosenheim“ zu geben? Erklärt es euch.

3 Wie werden das Mädchen und ihr Vater auf das Geschenk reagiert haben? Tauscht euch darüber aus.

4 Finde den roten Faden und erzähle die Sage anhand des roten Fadens nach. >> S. 47

* innabwärts: den Fluss Inn hinunter, in Richtung Mündung

>> S. 187: Sage

Ein kleines Mundart*-Wörterbuch

Manche Wörter sind kleine Kostbarkeiten. Sie gibt es nur in einer Mundart und nicht im Hochdeutschen. Schau dir die Wörter an. Werden sie bei dir zu Hause gesprochen? Wenn du solche Wörter nicht kennst, lies sie halblaut. Dann ahnst du manchmal schon, was sie bedeuten.

	mundartliches Wort	**Bedeutung**
Nomen	Aminaschlupferle	Person, die sich anschmiegt
	Buzerl, Butzerl	Baby, Kleinkind
	Gackerl	Ei
	Gracherl, Kracherl	Limo
	Lamperl	Lämmchen, kleine Lampe
	Schnauferer	Atemzug
Verben	antatschen	anfassen
	fetzen	rennen, ziellos umherlaufen
	hudeln	schnell und schlecht arbeiten
	lupfen	anheben
	schlenzen	schleudern
	schwätza	reden
Adjektive	bärig	kühn, groß, auch brummig
	gach, gaach	abschüssig, steil
	grantig	ärgerlich, übelgelaunt
	malad	unwohl, unbehaglich
	pfundig	großartig
	siebengescheit	neunmalklug

1 Welche Wörter kennt ihr? Lest sie euch gegenseitig vor.

2 Welche Wörter sind euch unbekannt? Lest nach, was sie bedeuten.

3 Sammelt weitere Wörter in einer Mundart.

*Mundart, auch Dialekt genannt: örtliche Form einer meist nur gesprochenen Sprache

Berlin – Unsere Hauptstadt

Berlin ist die Hauptstadt Deutschlands. Es leben über drei Millionen Einwohner dort. Die meisten sind Deutsche. Aber viele Menschen stammen aus anderen Ländern. Sie kommen aus fast 200 Staaten auf der ganzen Welt, zum Beispiel aus Vietnam, Polen, Syrien, Russland oder der Türkei. In Berlins Straßen kann man verschiedene Sprachen und Dialekte hören. Einige Menschen, denen man in Berlin begegnet, sind nur zu Besuch hier. Als Touristen* schauen sie sich die Stadt an. Berlin begrüßt sie in verschiedenen Sprachen:

Englisch	**Chinesisch**	**Deutsch**	**Russisch**
Welcome!	欢迎	Willkommen!	добро пожаловать
Arabisch	**Portugiesisch**	**Spanisch**	**Griechisch**
بيحرت	Bem-vindo!	¡Bienvenidos!	καλώς ορίσατε!

Silke Meggendorfer

1 Wer lebt in Berlin und wer besucht die Stadt? Finde jeweils eine Textstelle als Antwort.

2 Vergleicht die Wörter und Schriften, mit denen Berlin seine Gäste begrüßt. Was fällt euch auf?

3 Welche Sprachen sprechen die Kinder in eurer Klasse? Erstellt ein Plakat.

* Touristen: Leute, die Urlaub an einem Ort machen, an dem sie nicht zu Hause sind

Wikinger – Die Verbannung

Krachend stößt der Vater die Tür des Hauses auf und tritt mit schweren Schritten ins Zimmer. Es ist, als gefröre augenblicklich die Luft zu Eis. Beißender Frost kriecht mit ihm in den düsteren Raum. Der Atem des Vaters bildet Nebelschwaden. Die Mägde hören auf zu weben, der Knecht bleibt mit dem Holz, das er eben von draußen geholt hat, wie erstarrt vor der Feuerstelle stehen, und Erik lässt das Messer sinken, mit dem er gerade einen Drachenkopf in den Griff seines Holzschwerts schnitzt. „Packt das Nötigste zusammen und bringt es mit der braunen Milchkuh und den Schafen aufs Schiff!“, herrscht der große, kräftige Mann das Gesinde an. „Und du, Erik, hilfst beim Beladen. Alles muss fest verstaut werden. Beeilt euch.“ Erik stellt dem Vater keine Fragen. Was er wissen muss, steht überdeutlich in Thorvalds narbigem Gesicht geschrieben. Dieses Mal war er also nicht davongekommen. Dieses Mal hatte der Rat der freien Männer den Vater in die Verbannung geschickt.

Von Stund an waren sie in Norwegen nicht mehr sicher. Der jähzornige Thorvald hatte im Streit mehrere Männer erschlagen. Er musste die Heimat für immer verlassen, und alle, die zu ihm gehörten, würden sein Schicksal teilen. Viel Zeit blieb ihnen nicht. Die Sippe der erschlagenen Männer hatte Rache geschworen. Schon bald würden sie hier sein und sich die Blutschuld teuer bezahlen lassen.

Mit wuchtigen Schlägen treibt Thorvald die mächtigen, mit Runen versehenen Eichenpfosten, die den erhöhten Sitz des Hausherrn einrahmen, aus ihrer Verankerung. Die ehrwürdigen, von den Vorfahren ererbten Pfosten werden sie auf dem Weg in die Fremde begleiten und eines Tages wieder der Mittelpunkt ihres neuen Zuhauses werden. Nur – wo würde das sein?

„Island“, knurrt der Vater, als könnte er Eriks Gedanken lesen. „Wir segeln mit dem Wogenross nach Island. Da sind wir wieder sicher! Gutes Ackerland soll es dort geben. Alles wird gut, Junge. Und jetzt hilf, die Pfosten zum Schiff zu tragen!“

Maja Nielsen

1 Wer ist Thorwald? Lies nach.

2 Welche Wörter verstehst du nicht? Forsche mithilfe von Wörterbüchern und Kindersuchmaschinen nach.

3 Warum wird Thorvald verbannt? Findet die Textstelle.

4 Wie geht Thorvalds und Eriks Reise weiter? Informiert euch mithilfe von Kindersuchmaschinen.

An die Kinder

○ **1** Wie klingen die Wörter?
Lies genau.

Venedig

Sprich so:
„Wenedich“.

Gondelier*

Sprich so:
„Gondeljee“.

○ **2** Was für eine Stadt ist Venedig?
Lies flüssig.

Venedig ist

Venedig ist eine sonderbare Stadt,

Venedig ist eine sonderbare Stadt, mitten im Wasser.

◒ **3** Was erfahrt ihr über den Gondelier?
Findet Schlüsselwörter im Text. >>S. 29

Der Gondelier arbeitet in Venedig.
Venedig ist eine Stadt in Italien.
Hier gibt es nur Wasserstraßen.
Viele Menschen besuchen Venedig.
Der Gondelier fährt sie dann mit einer Gondel.
Das ist ein langes und schmales Boot.

*Gondelier: eine Person, die eine Gondel steuert.
Das Wort kommt aus dem Italienischen und heißt eigentlich Gondoliere.

An die Kinder

... Liebe Kinder!
Ich bin in Venedig in einer Gondel geschwommen.
Sie ist lang und schmal, vorn und hinten spitz.
Sie hat vier Sitze.
Der Gondelier* steht hinten auf der Gondel.
Er lenkt sie so geschickt mit seinem Ruder,
dass man sich wie in einer Wiege fühlt.
Ich sehe von der Gondel aus große Paläste
und fahre unter Brücken hindurch.
Venedig ist eine sonderbare Stadt, mitten im Wasser.
Es ist mir lieb, dass ich sie gesehen habe.

nach Johann Gottfried Herder

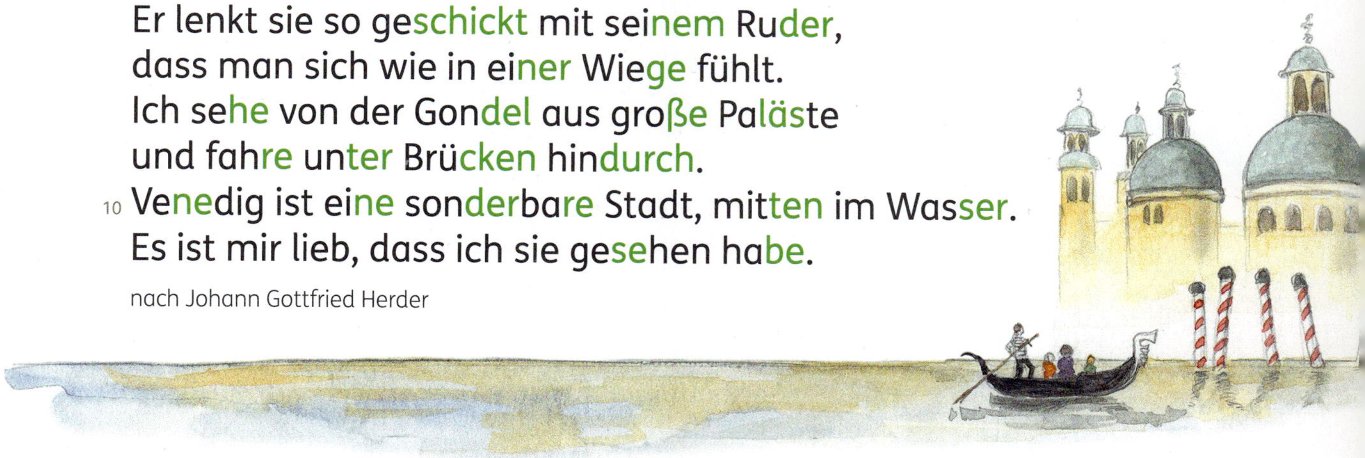

○ **1** Was ist das Besondere an Venedig? Lies nach.

◒ **2** Wie sehen die Gondeln aus? Beschreibe.

○ **3** Welche sieben Wörter aus dem Text haben sich versteckt? Finde sie.

S	A	P	A	L	Ä	S	T	E	F	R
T	E	K	W	A	S	S	E	R	B	U
A	G	V	E	N	E	D	I	G	H	D
D	C	B	R	Ü	C	K	E	N	D	E
T	I	G	O	N	D	E	L	I	E	R

*Gondelier: eine Person, die eine Gondel steuert.
Das Wort kommt aus dem Italienischen und heißt eigentlich Gondoliere.

An die Kinder

… Liebe Kinder!
Nun bin ich in einer Gondel auf Venedigs Wasserstraßen geschwommen. Sie ist lang und schmal, vorn und hinten spitz und sieht wie ein Frauenpantoffel aus.
Der Gondelier* steht hinten drauf. Er lenkt die Gondel mit seinem Ruder mit viel Geschick. Ich fühle mich wie in einer Wiege.
Von der Gondel aus sehe ich auf beiden Seiten große Paläste und fahre unter Brücken hindurch.
In der Gondel sitzen die Damen mit ihren Herren drin.
Sie haben es zehnmal besser, als wenn sie in den Kutschen gerüttelt würden.
Venedig ist eine sonderbare Stadt mitten im Wasser.
Es ist mir lieb, dass ich sie gesehen habe.

nach Johann Gottfried Herder

1 Was ist das Besondere an Venedig? Lies nach.

2 Wie sehen die Gondeln aus? Beschreibe.

3 Welche Wörter passen nicht? Vergleiche mit dem Text oben. Lies die Sätze richtig.

Der Gondelier steht müde hinten drauf.

Er lenkt die Gondel mit seinem roten Ruder mit viel Geschick.

In der Gondel sitzen die jungen Damen mit ihren Herren drin.

Venedig ist eine sonderbare Stadt mitten im kalten Wasser.

* Gondelier: eine Person, die eine Gondel steuert.
Das Wort kommt aus dem Italienischen und heißt eigentlich Gondoliere.

An die Kinder

... Liebe Kinder! Nun bin ich in solch einem kleinen schwarzen Hause geschwommen, das man eine Gondel nennt. Es ist lang und schmal, vorn und hinten spitz und sieht wie ein Frauenpantoffel aus; das viereckige Kämmerchen darauf mit vier Sitzen ist mit schwarzem Tuch beschlagen, so wie auch die Gondel schwarz ist. Der Gondelier* steht hinten auf und lenkt die Gondel mit seinem Ruder so geschickt, dass man es kaum denken kann, wenn man's nicht gesehen hat.
Man schwimmt dicht an den Wellen so sanft wie in einer Wiege und sieht an beiden Seiten große, hohe Paläste, einer dicht am andern; unter den Brücken fährt man durch; zwischen Gondeln, Schiffen, Barken fährt man wie auf einem Pfeil hin, dass im größten Gedränge eine Gondel die andere kaum berührt. In manchen ziemlich engen Kanälen gehen drei Gondeln nebeneinander so schnell vorbei, als ob man aneinander vorbeiflöge. Die Damen sitzen mit ihren Herren drin, und sie haben es zehnmal bequemer, als wenn sie in den Kutschen gerüttelt würden.
In Venedig sind keine Kutschen, alles wiegt sich in Gondeln, was nicht über die Brücken Trepp' auf und ab laufen will.
Es ist eine sonderbare Stadt, die gleichsam aus der See emporsteigt, voll Gedränges von Menschen, voll Fleiß und Betrügerei. Es ist mir lieb, dass ich sie gesehen habe.

Johann Gottfried Herder

○ **1** Was ist das Besondere an Venedig? Lies nach.

◒ **2** Wie sehen die Gondeln aus? Beschreibe.

● **3** „Es ist mir lieb, dass ich sie gesehen habe".
Vermute, wie der Autor das meinen könnte.

*Gondelier: eine Person, die eine Gondel steuert.
Das Wort kommt aus dem Italienischen und heißt eigentlich Gondoliere.

Mit anderen über einen Text sprechen

Ein Moor erzählt Geschichte

Mit seiner Größe von 148 Hektar und der Artenvielfalt an unterschiedlichen Moorstandorten ist das Todtenauer Moor einzigartig für den vorderen Bayerischen Wald. Mit einer Torfstärke* von circa 8,50 Meter ist es eines der mächtigsten und ältesten Moore im Bayerischen Wald. Dadurch ist es auch ein wichtiges Archiv** für die Klima- und Vegetationsgeschichte. Denn seit der letzten Eiszeit vor etwa 13 500 Jahren wächst die Torfschicht. In das Moor eingewehte Samenkörner werden seither dauerhaft konserviert.***

Sage über die Todtenau

Die dichten Nebelschwaden, die zu manchen Zeiten über dieser urtümlichen Landschaft liegen, beflügeln seit jeher die Fantasie der Menschen. Der Sage nach soll hier an dieser Stelle vor etwa 500 Jahren eine kleine Stadt versunken sein und lange Zeit habe man dabei noch die Kirchturmspitze sehen können. Ab und zu hört man hier noch Musik und Gesänge der einstigen Bewohner dieser versunkenen Stadt, die davor warnen, diese Fläche des Moores zu betreten. Wer die Stelle betritt, geht unter wie die Stadt.

Wandertipp: Naturerlebnispfad zum Hochmoor Todtenau

Eine gemütliche Wanderung verläuft durch das Todtenauer Moor mit Infotafeln zum Moor und seiner Natur. Das Erkennungszeichen des Naturerlebnispfades ist der Rundblätterige Sonnentau. Der Pfad beinhaltet auch interessante Details über die drei Moortypen: Niedermoor, Zwischenmoor und Hochmoor, die alle in der Todtenau zu finden sind.

unbekannter Verfasser

* Torf: Schicht aus abgestorbenen, zersetzten Pflanzen
** Archiv: ein Ort, an dem etwas aufbewahrt wird
*** konserviert: haltbar gemacht, erhalten

 >> S. 187: Sage

So kannst du mit anderen über einen Text sprechen

1. Lies den Text genau.

2. Finde unbekannte Wörter. Suche nach Erklärungen.

3. Markiere Schlüsselwörter. >> S. 29

4. Sprecht darüber, worum es in diesem Text geht.

einzigartiges Todtenauer Moor	Sage	Naturerlebnispfad
	…	…

5. Welche Gedanken hast du zum Text?
Welche Gedanken haben dein Partner oder deine Partnerin zum Text?
Hört euch aufmerksam zu.

Mir gefällt …
Spannend ist …
Mir fällt noch ein …
…

6. Haltet eure Ergebnisse fest, z. B. mithilfe einer Wörtersonne.

Todtenauer Moor
- einzigartiges Moor
- gruselige Sage
- gemütliche Wanderung
- spannender Naturerlebnispfad
- Eltern fragen: Ausflug machen
- 148 Hektar
- Artenvielfalt

7. Tauscht euch in der Gruppe über den Text aus.
Hört euch aufmerksam zu. Vergleicht eure Gedanken. Fragt nach.

Meinst du, dass …?
Habe ich dich richtig verstanden, dass …?
Warum …?

Unsere Erde, unser Zuhause

Wie ist doch die Erde so schön

Wie ist doch die Erde so schön, so schön!
Das wissen die Vögelein:
Sie heben ihr leicht Gefieder
Und singen so fröhliche Lieder
In den blauen Himmel hinein.

Wie ist doch die Erde so schön, so schön!
Das wissen die Flüss und Seen:
Sie malen im klaren Spiegel
Die Gärten und Städt und Hügel
Und die Wolken, die drüber gehen!

Und Sänger und Maler wissen es
Und es wissen ander Leut'!
Und wer's nicht malt, der singt es,
Und wer's nicht singt, dem klingt es
In dem Herzen vor lauter Freud'!

Robert Reinick

1 Wer im Gedicht weiß, wie schön die Erde ist? Lies nach.

2 Was ist an der Erde so schön? Findet passende Textstellen.

3 Übt, das Gedicht betont vorzulesen. Achtet auch auf Pausen. Nehmt euren Gedichtvortrag auf und gebt euch Tipps.

4 Schreibe zu dem Text in dein Lesetagebuch.

 >>S. 186: Gedicht/Strophe/Vers

Erde

Ich weiß,
dass die Erde um die Sonne kreist,
dass die Erde manchmal bebt und Lava spuckt
und kann doch mit beiden Beinen
fest auf der Erde stehen
oder auf der blanken Erde schlafen.
Wenn ich was Dummes gemacht habe,
möchte ich vor Scham in die Erde sinken.
Aber wenn ich glücklich bin,
habe ich den Himmel auf Erden.

Rosemarie Künzler-Behncke

Alles voller Leben

Im Wald und auf der Heide,
auf Acker, Rain* und Weide,
im Bache und daneben –
ist alles voller Leben.

Mit kriechen, krabbeln, krauchen,
mit schwimmen oder tauchen,
mit fliegen, flattern, schweben –
ist alles voller Leben.

Mit klettern, springen, traben,
sich durch die Erde graben,
sich in die Luft erheben –
ist alles voller Leben.

Eckart zur Nieden

○ **1** „Alles voller Leben" – Welche Verben drücken das in diesem Gedicht aus? Lies nach.

● **2** Welche Lebewesen passen zu den Verben in „Alles voller Leben"? Finde vier Beispiele.

● **3** Welche Verse im Gedicht „Erde" sind nicht wörtlich zu verstehen? Was bedeuten sie? Tauscht euch darüber aus.

*Rain: ein schmaler Landstreifen, der zwei Felder voneinander abgrenzt

>> S. 186: Gedicht/Strophe/Vers

Der Kreislauf des Wassers

Kleine Tropfen Wasser

Kleine Tropfen Wasser,
kleine Körner Sand,
machen große Meere,
machen schönes Land.

unbekannter Verfasser

Das Wassertröpflein

Tröpflein muss zur Erde fallen,
muss das zarte Blümchen netzen,
muss mit Quellen weiter wallen,
muss das Fröschlein auch ergötzen,
muss im Bach die Mühle schlagen,
muss im Strom die Schiffe tragen.
Und wo wären denn die Meere,
wenn nicht erst das Tröpflein wäre.

unbekannter Verfasser

Das Wasser

Vom Himmel fällt der Regen
Und macht die Erde nass,
Die Steine auf den Wegen,
Die Blumen und das Gras.

Die Sonne macht die Runde
In altgewohntem Lauf
Und saugt mit ihrem Munde
Das Wasser wieder auf!

Das Wasser steigt zum Himmel
Und wallt dort hin und her.
Da gibt es ein Gewimmel
Von Wolken, grau und schwer.

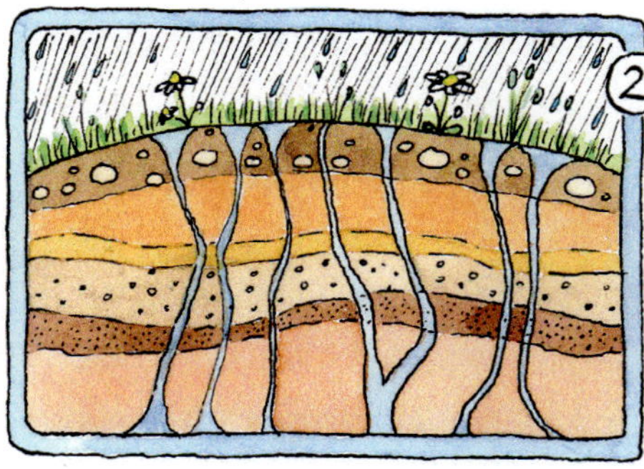

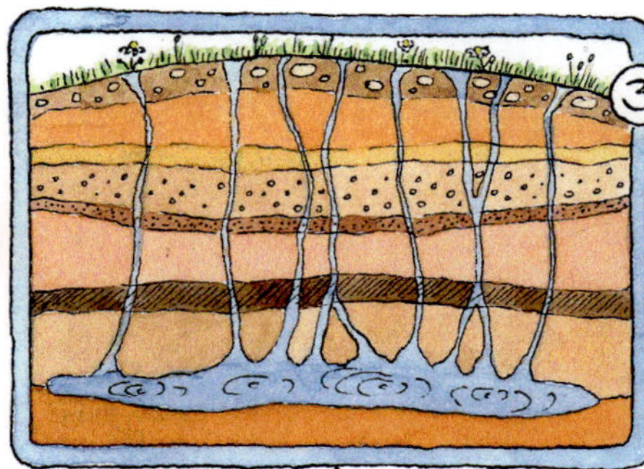

Die Wolken werden nasser
Und brechen auseinand',
Und wieder fällt das Wasser
Als Regen auf das Land.

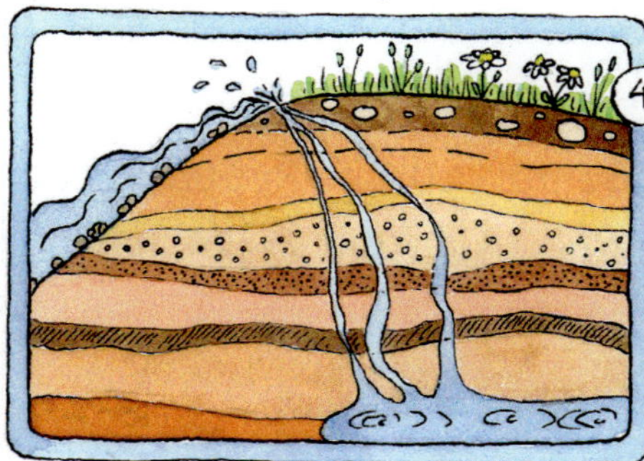

Der Regen fällt ins Freie,
Und wieder saugt das Licht,
Die Wolke wächst aufs Neue,
Bis dass sie wieder bricht.

So geht des Wassers Weise:
Es fällt, es steigt, es sinkt
In ewig-gleichem Kreise,
Und alles, alles trinkt.

James Krüss

1 Welchen Weg nimmt das Wasser im Gedicht „Das Wasser"? Lies nach.

2 Welche Verse des Gedichts „Das Wasser" passen zu den Bildern? Welche Bilder sind im Gedicht nicht erwähnt? Vergleicht.

3 Finde in den Gedichten Wörter aus dem Wortfeld „Wasser". Schreibe sie auf.

>> S. 186: Gedicht / Strophe / Vers

Die Wasserfall-Giganten

Die Wasserreichsten

Die Gischt spritzt auf und legt sich wie ein Nebel über die Schlucht der Niagarafälle. Rund 18 Millionen Menschen bestaunen jedes Jahr den Anblick dieser Wasserfälle an der Grenze zwischen den USA und Kanada. Jede Sekunde wälzen sich hier rund 2 400 Kubikmeter* Wasser in den Abgrund – so viel, wie in 17 000 voll gefüllte Badewannen passt. Dabei stehen die berühmten Niagarafälle bloß auf Platz fünf der wasserreichsten Wasserfälle …

1. Inga-Fälle (Demokratische Republik Kongo)
25 768 Kubikmeter pro Sekunde

2. Boyomafälle (Demokratische Republik Kongo)
16 990 Kubikmeter pro Sekunde

3. Mekongfälle (Laos)
11 610 Kubikmeter pro Sekunde

4. Salto Pará (Venezuela)
3 540 Kubikmeter pro Sekunde

5. Niagarafälle (USA/Kanada)
2 407 Kubikmeter pro Sekunde

Niagarafälle

Die Höchsten

Als der US-amerikanische Abenteurer Jimmie Angel im Jahr 1933 über den schwer zugänglichen Regenwald Venezuelas flog, staunte er nicht schlecht, welch beeindruckender Wasserfall sich unter ihm auftat! Als Angel nach seiner Rückkehr von dem fast 1 000 Meter hohen Fall berichtete, wurde dieser kurzerhand nach seinem Entdecker benannt: Salto Ángel – „Angel-Fall“.

Heiko Kammerhoff

1.Salto Ángel (Venezuela)
979 Meter

2. Tugela-Fälle (Südafrika)
948 Meter

3. Drei-Schwestern-Fälle (Peru)
914 Meter

4. Olo'upena-Fälle (USA, Hawaii)
900 Meter

5. Yumbilla (Peru)
896 Meter

Ausflug zu einem bayerischen Wasserfall

Einige Kilometer vom Tegernsee entfernt haben wir ein attraktives Ausflugsziel für Kinder entdeckt: den Rottachfall. Wenn man die Mautstraße von Enterrottach nach Valepp hinauffährt oder wandert, fließt rechts die Rottach. Meist ist sie ein unscheinbarer Bergbach. An einer Stelle hat sich aber eine kleine Schlucht in den Felsen gegraben. Über einige Stufen fällt die Rottach einige Höhenmeter nach unten. Diese Wasserstufen werden Rottachfall genannt. Folgen wir dem Wanderweg, sehen wir bald den ersten Wasserfall. Über eine Breite von mehreren Metern „rieselt" das Wasser herunter. Wir gehen weiter und sehen die richtigen Wasserfälle. In mehreren Kaskaden** fällt die Rottach hinunter und füllt dabei riesige Gumpen***.

Unsere Schritte werden langsamer und wir beobachten das rauschende Wasser von oben. Was für ein Naturschauspiel – und es ist so gut versteckt.

Es gibt den Rottachfall wohl schon sehr viel länger. Ich habe einen alten Holzstich aus dem Jahr 1876 gefunden, auf dem der Wanderweg rund um den Rottachfall zu sehen ist.

Familie Schmidt

1 Nach welchen Eigenschaften werden die Wasserfall-Giganten geordnet? Lies nach.

2 Wo befindet sich der Rottachfall? Finde die Textstelle.

3 Was ist am Rottachfall besonders? Schreibe deine Antwort auf.

* Kubikmeter (m^3): Einheit für den Rauminhalt eines Gegenstandes
** Kaskade: ein feiner, breiter Wasserfall, der wie ein leichter, weißer Vorhang fällt
*** Gumpen: eine von Strudeln ausgespülte tiefe Stelle im Wildbach

Sofie und Vaters Wasserwerk

Sofies Vater arbeitet im Wasserwerk. Das Wasserwerk sorgt dafür, dass sauberes Wasser aus den Hähnen kommt. Einmal ist kein Wasser gekommen. Es war am Abend. Vater schimpfte und musste wieder ins Werk. Sofie brauchte sich nicht richtig zu waschen. Die Zähne putzen musste sie auch nicht. Sie fand es prima. Sofie wäscht sich nicht gerne.

Am nächsten Abend sagt Vater: „Das ganze Viertel war ohne Wasser. Ihr könnt euch nicht denken, was da los war. Die Leute haben uns dauernd angerufen und geflucht.“ „Kann dein Wasserwerk nicht noch mal kaputt sein?“, fragt Sofie. „Das fehlt gerade noch“, stöhnt Sofies Vater. „Bloß abends, sonst nicht“, sagt Sofie. Mutter weiß, warum: „Weil die Sofie sich dann nicht waschen muss. Stimmt's, Sofie?“ Sofie weiß nicht, was sie antworten soll.

Peter Härtling

1 Lest den Text im Tandem.
Überlegt: Was wollt ihr noch verbessern? >>S. 9

2 Wozu braucht man ein Wasserwerk?
Finde die Textstelle.

3 Warum möchte Sofie, dass das Wasserwerk noch einmal kaputt ist?
Tauscht euch darüber aus.

4 Viele Leute rufen an.
Was könnten sie sagen?
Bereitet das Telefongespräch als Dialog vor.
Gebt euch Tipps.

 >>S. 186: Dialog

Wasser ist kostbar

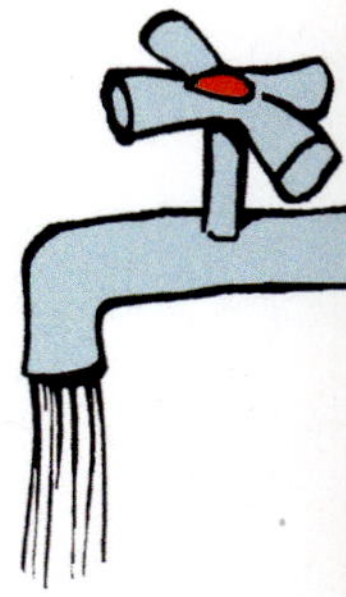

Wasser ist Leben

Wasser ist die wichtigste Grundlage für alles Leben auf der Erde. Ohne Wasser können Menschen, Tiere und Pflanzen nicht leben. Ein Mensch kann viele Tage ohne Essen auskommen, aber nur wenige Tage ohne Wasser. Weltweit leiden viele Millionen Menschen unter Wassermangel. Sie haben zu wenig Wasser oder das Wasser ist verschmutzt.

Wie kommt Trinkwasser in den Wasserhahn?

Wasser wird auch das Lebensmittel Nummer 1 genannt. Damit der Mensch das Wasser aus Talsperren und Flüssen und das Grundwasser als Trinkwasser nutzen kann, muss es in Wasserwerken in mehreren Stufen gereinigt werden. Nach der Reinigung wird das Trinkwasser aus den Wasserwerken in große Speicher gepumpt, zum Beispiel in Wassertürme oder Hochbehälter. Dort wird das saubere Wasser gesammelt und – je nach Bedarf – über unterirdische verlegte Trinkwasserrohre in die einzelnen Häuser verteilt. Wasserturm oder Hochbehälter stehen meist an einer höheren Stelle im Ort.

Wasser aus dem Wasserhahn ist Luxus. Viele Kinder haben noch nie einen Wasserhahn gesehen! Sie holen für die Familie Trinkwasser aus dem Fluss oder Brunnen.

Was passiert mit verschmutztem Wasser?

Das verschmutzte Wasser aus Haushalten und Industrieanlagen wird unter der Erde durch unterirdische Rohrleitungen, in der Kanalisation, gesammelt. Von dort gelangt das Wasser in Kläranlagen. Dort wird es in mehreren Arbeitsschritten gereinigt.

nach Anna Kruse

○ **1** Warum ist Wasser Leben? Erzähle.

◒ **2** Wie kommt Trinkwasser in den Wasserhahn? Findet Schlüsselwörter. Beantwortet die Frage mithilfe der Schlüsselwörter. >> S. 29

● **3** Auch in manchen Gegenden Deutschlands ist Trinkwasser knapp. Wie kann mit Trinkwasser sparsam umgegangen werden? Forscht mithilfe von Kindersuchmaschinen nach.

Besuch bei den Forellen

In unserem Fluss
hinter der Stadt,
in einer Brühe,
hässlich verdreckt,
habe ich Fische gesehen,
die sind geschwommen,
den Bauch nach oben,
verreckt.

Den Fluss hinauf
bin ich gewandert
bis in die Berge.
Flinke Forellen
sah ich dort schwimmen
in einem Wasser,
glasklar,
wie es bei uns einmal war.

Josef Guggenmos

1 Was beobachtet das Ich im Fluss hinter der Stadt und in den Bergen? Vergleiche und schreibe den Unterschied auf.

Umweltverschmutzung

In Flüssen, die stinken
Kann man nicht schwimmen.
An Flüssen, die stinken
Kann man nicht singen.
In Flüssen, die stinken
Kann man nicht fischen.
Die die Flüsse versauen
Kann man erwischen.

Dieter Mucke

2 Welche Verse findet ihr wichtig? Vergleicht eure Auswahl und begründet sie.

3 Was verbindet die beiden Gedichte? Tauscht euch darüber aus.

Wie Boyan Slat das Meer vom Plastik befreien will

Boyan Slat traut seinen Augen nicht. Da, direkt vor seiner Taucherbrille, das sind ja weder Quallen noch kleine Spiegelrochen. Es sind weiße und hellblaue Plastiktüten. Dutzende davon wabern an ihm vorbei!
Langsam steigt der 16-jährige Niederländer aus dem Mittelmeer auf. Und es kommt fast noch schlimmer: Um ihn herum tanzen die Plastikflaschen auf den Wellen. Boyan – Batman-, Tüftel- und riesiger Tauchfan – hatte sich so sehr auf das Meer in Griechenland gefreut. Nun ist er einfach nur wütend. Wer, zum Teufel, schmeißt all das weg? Warum tut niemand etwas dagegen? Noch am selben Sommerabend 2011 fasst er einen Entschluss: Der Müll muss aus den Meeren gefischt werden!
Mehrere Jahre sind vergangen, seit der junge Niederländer durch den Plastikabfall tauchte. Er hat die Organisation The Ocean Cleanup* gegründet (englisch für: „Ozean-Säuberung") und einen genauen Plan: Er will mindestens im größten Müllteppich eine Plattform verankern, an der zwei 50 Kilometer lange, schwimmende „Fangarme" befestigt sind.
Diese sollen das Plastik, das die Strömung mit sich bringt, abfangen und Richtung Plattform lenken. Dort könnte man es absammeln und später wiederverwerten.

Dela Kienle

○ **1** Was erlebt Boyan beim Tauchen? Erzähle.

○ **2** Welchen Plan entwirft Boyan? Finde die Textstelle.

● **3** Ist Boyan mit seiner Erfindung erfolgreich? Informiere dich mithilfe einer Kindersuchmaschine.

* The Ocean Cleanup: Du sprichst: „Oschen Klienap"

>>S. 186: Buch MK Aufgabe 3

Die Sterne

Die Sterne
reimen sich auf Ferne.
Als Dichter seh ich das gerne.
Der Regen
reimt sich auf Segen.
Auch das kommt mir sehr gelegen.
Nur der Mensch, himmelfix –
auf den reimt sich nix!

Martin Auer

○ **1** Wer spricht in dem Gedicht?
Lies nach.

◒ **2** Worüber äußert sich das Ich?
Beschreibe mit eigenen Worten.

● **3** Was stellt der Autor in den letzten beiden Versen fest?
Tauscht euch darüber aus.

Der König und das Meer

„Ich bin der König“, sagte der König.
Das Meer rauschte eine Antwort.
„Ich weiß“, sagte der König.
Er wurde still und nachdenklich.
„Ich weiß“, murmelte er.
Dann hörte er lange dem Rauschen zu.

Heinz Janisch, Wolf Erlbruch

◒ **4** Wie reagiert der König auf die Antwort des Meeres?
Lies nach.

● **5** Vermute, was das Meer dem König sagen könnte.

>> S. 186: Gedicht / Strophe / Vers

Die Erde hat eine Anziehungskraft

Als Konrad zum ersten Mal das Meer sah, war ihm ganz anders.

„Schau, Konrad“, sagte sein Vater und zeigte mit ausgestrecktem Arm auf einen glitzernden Fleck weit in der Ferne. Es war ein Schiff, und der Vater erklärte, dass man es nur zum Teil sehen konnte und dass der andere Teil sich hinter der Krümmung der Erde versteckte. „Wenn die Erde krumm ist“, sagte Konrad, „warum läuft dann das Wasser unten auf der Erde nicht aus?“

„Das kommt von der Anziehungskraft*“, sagte die Mutter und legte Konrad die Hand auf die Schulter. „Die Erde hat eine Anziehungskraft.“

Sie redeten noch eine ganze Menge über Nordpol und Südpol und dass der Mond und die Sonne auch eine Anziehungskraft haben, mit der sie Ebbe und Flut bewirken. Dann gingen sie barfuß an der Brandung entlang, und als Konrad ganz allein vor den heranbrausenden, weiß schäumenden Wellen stand, rauschte ihm das Meer in den Ohren, und der Wind erfasste ihn von den Füßen bis zu den Haaren.

Konrad sah über die weite Wasserfläche, aber das Schiff konnte er nicht mehr entdecken. Er hüpfte, so hoch er konnte. Dreimal, viermal. Das Schiff blieb verschwunden. So hoch konnte er nicht springen, um hinter die Erdkrümmung zu sehen.

Herbert Günther

○ **1** Worüber wundert sich Konrad? Finde eine passende Textstelle, die dir die Frage beantwortet.

◒ **2** Wie erlebt Konrad das Meer? Erzähle.

◒ **3** Stellt euch gegenseitig W-Fragen zum Text und beantwortet sie. >>S. 145

* Anziehungskraft: Schwerkraft der Erde, die einen Gegenstand zu Boden zieht oder am Boden hält

Ötzi im Gletschereis

Patientenname: Ötzi
Größe: etwa 1,60 Meter
Gewicht: etwa 50 Kilogramm
Augenfarbe: braun
Haarfarbe: braun
Besondere Merkmale:
über 50 kleine Tätowierungen;
Zähne stark abgenutzt, aber kariesfrei
Alter zum Todeszeitpunkt: Ende 40
Todesursache: vermutlich Verbluten nach Schussverletzung

Mehr als 5 000 Jahre lang ruhte die Mumie von Steinzeitmann Ötzi im Gletschereis der Ötztaler Alpen. Inzwischen liegt sie im Südtiroler Archäologiemuseum. Dort kümmert sich der Gerichtsmediziner Oliver Peschel um Ötzis Wohlergehen. Im Interview* erzählt er, welche Pflege so eine Mumie braucht – und wie sie eigentlich riecht.

Herr Peschel, warum braucht Ötzi einen Arzt, wo er doch seit Jahrtausenden tot ist?

Ötzi ist eine der ältesten Mumien, die wir in unserer Gegend überhaupt haben. Er macht uns ein ganz großes Fenster auf in eine Zeit, aus der wir sonst nur Gegenstände finden. Ötzi zeigt uns, weshalb wir so geworden sind, wie wir sind – auch weil er sehr gut erhalten ist. Damit das so bleibt, kümmere ich mich als „Konservierungsbeauftragter für den Mann aus dem Eis“ um ihn wie ein Arzt um seinen Patienten.

Wie pflegeleicht ist er denn, Ihr Patient?

Wichtig ist, dass er immer feucht gehalten wird. Er war ja über Tausende von Jahren im Eis eingeschlossen und ist eine Feuchtmumie. Wenn sie austrocknet, würden Bakterien und Pilze das Gewebe befallen, so dass es zerfällt. Die Mumie liegt daher in einem Raum, der auf minus sechs bis sieben Grad Celsius heruntergekühlt ist. Die Wände darin sind mit Fliesen aus Eis bedeckt, auch Ötzi ist mit einer Eisschicht überzogen.

*Interview: Gespräch zwischen einem Reporter und einer Person zu einer Sache

Und was können Sie für ihn tun?

Ziemlich viel. Ein- bis zweimal im Vierteljahr bekommt der Ötzi eine Befeuchtungsbehandlung. Ich schaue mir dann erst einmal an, wo er trockene Stellen hat. Meistens genügt es, diese Stellen mit Wasser einzusprühen. Manchmal muss man Ötzi auch auftauen und baden, damit sich das Gewebe bis in tiefere Schichten mit Flüssigkeit vollsaugen kann.

Das klingt, als würden Sie Ihren neuen Patienten schon ziemlich gut kennen …

Ja. Im Jahr 2010 haben Kollegen festgestellt, dass der Magen von Ötzi gut gefüllt ist. Daraufhin haben wir Teile des Mageninhalts entnommen und genauer betrachtet. Seitdem wissen wir unter anderem, dass Ötzi in seinen letzten Stunden Steinbockfleisch, Brot und Gemüse gegessen hat.

Wie riecht so ein Mageninhalt, wenn man ihn nach Tausenden von Jahren herausholt?

Nach gar nichts. Die Mumie an sich duftet übrigens zwar nicht nach Lavendel. Aber es könnte schlimmer sein …

Simone Müller

○ **1** Wie kam Ötzi zu seinem Namen? Lies nach.

○ **2** Wie wird Ötzi gepflegt? Berichte.

◒ **3** Lest das Interview mit verteilten Rollen. Wechselt die Rollen. >>S. 185 Wie findet ihr euer Sprechen? Gebt euch Tipps.

● **4** Welche weiteren Fragen würdet ihr Ötzis Arzt stellen? Schreibt sie auf. Forscht in verschiedenen Medien wie Kinderradio, Kinderfernsehen oder mithilfe von Kindersuchmaschinen über den Ötzi nach.

Vergebliche Rache

1 Welche Tiere schwimmen im Meer?
Findet sie und lest sie euch gegenseitig vor.

die Quallen – die Fische – die Meerkatzen
die Seepferdchen – die Meeresschildkröten
die Erdmännchen – die Seesterne

2 Wie verändern sich die Wörter?
Lies genau.

Meer
Meerwasser
Meerwassertropfen
Meerwassertröpfchen

fest
Festland
Festlandbewohner
Festlandbewohnerin

3 Was gehört zusammen?
Schreibe die zusammengehörenden Wörter auf.

der Vogel	das Ästchen
der Schnabel	das Vögelchen
der Ast	das Schnäbelchen

4 Was stimmt? Lasst die falschen Wörter weg und lest die Sätze richtig im Tandem. Überlegt dabei: Was klappt schon gut? Was wollt ihr noch verbessern? >>S. 9

Ein kleiner Vogel baute mauerte sich ein Nest.
Er sammelte fleißig faul Ästchen und Federchen.
Die Fliege Flut kam und schwemmte das Nest weg.

Vergebliche Rache

Ein kleiner Vogel baute sich am Meer ein Nest. Es war gerade Ebbe. Die Flut kam bald und schwemmte alles weg. Der kleine Vogel wurde böse. Er wollte sich am Meer rächen. Sehr oft trug der kleine Vogel Tropfen von Meerwasser zum Festland und Sand ins Meer. Er wollte das Meer austrocknen. Bald musste er sich ausruhen. Ein anderer Vogel kam herbei. Er hatte den kleinen Vogel beobachtet. Der andere Vogel sprach: „Das Meer ist unendlich. Du kannst es nicht austrocknen. Wende deinen Fleiß einem guten Ziel zu. Es wird sich lohnen.“ Der kleine Vogel befolgte die Worte. Er baute sich auf dem Festland ein Nest.

nach einem jüdischen Märchen

○ **1** Wie will sich der kleine Vogel am Meer rächen?
Finde passende Textstellen.

○ **2** Welchen Rat erhält der kleine Vogel?
Lest ihn euch gegenseitig vor.

○ **3** Welche Vögel gibt es wirklich? Lies die Namen vor.

Spaßvogel – Greifvogel – Singvogel – Zugvogel – Raubvogel
Piepvogel – Pechvogel – Paradiesvogel – Lockvogel – Gartenvogel

Vergebliche Rache

Ein kleiner Vogel lebte am Meer. Er beschloss, sich dort ein Nest zu bauen. Der kleine Vogel machte sich an die Arbeit, als Ebbe war. Er sammelte fleißig trockene Äste, Gräser und Federn. Kaum hatte er alles zusammengetragen, schwemmte die Flut wieder alles weg. Da wurde der kleine Vogel böse. Er schwor dem Meer Rache. Unzählige Male trug der kleine Vogel in seinem Schnabel Tropfen von Meerwasser zum Festland und Sand ins Meer. Er wollte das Meer austrocknen. Bald war der Vogel müde. Er musste sich ein wenig ausruhen. Ein anderer Vogel kam herbei. Er hatte den kleinen Vogel beobachtet. Der andere Vogel sprach: „Der Zorn ist ein schlechter Ratgeber. Du bist ein kleiner Vogel und das Meer ist unendlich. Du kannst das Meer nicht austrocknen. Wende deinen Fleiß einem guten Ziel zu. Es wird sich lohnen.“ Der kleine Vogel befolgte die klugen Worte. Er baute sich auf dem Festland ein Nest.

nach einem jüdischen Märchen

○ **1** Wie will sich der kleine Vogel am Meer rächen?
Finde passende Textstellen.

○ **2** Welchen Rat erhält der kleine Vogel?
Lest ihn euch gegenseitig vor.

◒ **3** Richtig oder falsch?
Finde die richtigen Sätze im Text und lies sie vor.

Ein Biber sammelte trockene Äste, Gräser und Federn.

Die Ebbe schwemmte alles weg.

Der Vogel schwor dem Meer Rache.

Der Vogel baute sich auf dem Festland ein Nest.

Vergebliche Rache

Ein kleiner Vogel, der am Meeresufer lebte, beschloss, sich ein Nest zu bauen. Während der Ebbe machte er sich an die Arbeit.
Er sammelte fleißig trockene Ästchen, Gräser und Federchen, aber kaum hatte er alles zusammengetragen, als die Flut herankam und alles wegschwemmte. Da wurde der kleine Vogel böse und schwor dem Meer Rache. Und er tat, was er sich vorgenommen hatte.
In sein Schnäbelchen nahm er einen Tropfen Meerwasser und flog damit zum Festland. Dort ließ er den Tropfen in den Sand fallen und pickte Sand in sein Schnäbelchen. Diesen Sand trug der kleine Vogel ins Meer. Unzählige Male wiederholte er diese vergebliche Mühe, denn er wollte aus Rache das Meer austrocknen. Bald aber war der kleine Vogel so müde, dass er ein wenig ruhen musste.
Da kam ein anderer Vogel herbei, der ihn beobachtet hatte, und sagte: „Ich kann dich verstehen, dass du dem Meer zürnst, aber der Zorn ist ein schlechter Ratgeber. Du bist ein kleiner Vogel und das Meer ist unendlich. Nie kann es dir gelingen, es auszutrocknen. Wenn du aber deinen Fleiß einem guten Ziel zuwendest, wird es sich lohnen."
Der kleine Vogel befolgte die klugen Worte und flog aufs Festland. Dort hatte er sich bald ein warmes Nest gebaut.

jüdisches Märchen

○ **1** Wie will sich der kleine Vogel am Meer rächen? Finde passende Textstellen.

○ **2** Welchen Rat erhält der kleine Vogel? Lest ihn euch gegenseitig vor.

● **3** „Der Zorn ist ein schlechter Ratgeber." Wie ist das gemeint? Tauscht euch darüber aus.

W-Fragen zu einem Text stellen und sie beantworten

Der großmaulige Frosch

Ein grüner und ein brauner Frosch saßen auf einem Seerosenblatt und quakten um die Wette. Da kam ein großer Stier am Ufer des Teiches vorbei und begann zu trinken.
Der grüne Frosch war von der Größe des Tieres tief beeindruckt:
„Welch großartige Erscheinung so ein Stier ist!“, quakte er.
Das reizte den anderen Frosch.
„Wenn ich mich aufblase, kann ich auch so groß werden“, entgegnete er.
Der grüne Frosch wollte dem Angeber zunächst keine Beachtung schenken:
„Ein Frosch bleibt ein Frosch und wird niemals so groß wie ein Stier.“
„Soll ich es dir beweisen?“, erwiderte der braune Frosch.
Sogleich fing er an sich aufzublasen. Er pumpte Luft in seinen Kehlsack.
Und pumpte und pumpte.
„Bin ich schon so groß wie der Stier?“, fragte er immer wieder, bevor er tief Luft holte.
Belustigt schaute ihm der grüne Frosch dabei zu.
„Warum willst du etwas darstellen, das du gar nicht bist?“, bemerkte er.
Da ließ der braune Frosch alle Luft aus seinem Kehlsack entweichen.
„Auch wenn ich 100-mal kleiner bin als ein Stier“, entgegnete er schließlich, „kann ich doch ebenso laut sein.“
Vergnügt quakten die beiden Frösche um die Wette, bis ihr Lärm dem Stier lästig wurde.
Er hob den Kopf und schritt majestätisch in Richtung des nahen Waldes davon.

Marie Sonntag

So kannst du W-Fragen zu einem Text stellen und sie beantworten

1. Lies den Text.

2. Auf welche der Fragen findest du im Text Antworten?

Wer handelt?	ein grüner und ein brauner Frosch, ein großer Stier
Was geschieht?	Der braune Frosch will so groß werden wie der große Stier. ...
Wie geschieht es?	Der braune Frosch fängt an sich aufzublasen. ...
Wo geschieht es?	...
Wann geschieht es?	...
Warum geschieht es?	...

3. Lass dir zu deinen Antworten Rückmeldungen geben.

Bücherwurm und Computermaus

Bibliothek

die vielen buchstaben
die nicht aus ihren wörtern können

die vielen wörter
die nicht aus ihren sätzen können

die vielen sätze
die nicht aus ihren texten können

die vielen texte
die nicht aus ihren büchern können

die vielen bücher
mit dem vielen staub darauf

die gute putzfrau
mit dem staubwedel

Ernst Jandl

Rätsel

Ich nahm es, und ich trug es,
ich trug's zum Tisch und schlug es,
ich schlug es auf und las,
was ich herauslas, ließ
ich gerne noch für andre drin,
doch ist's in mir jetzt immerhin.

Josef Guggenmos

1 Welche Nomen verwendet der Autor in dem Gedicht „Bibliothek"? Finde sie.

2 Ernst Jandl nennt sein Gedicht „Bibliothek". Überlegt, warum.

Der Autor bestimmt, wie er etwas schreibt: alles groß, alles klein, ohne Punkt und Komma.

3 Bereitet einen Gedichtvortrag vor.
Überlegt, wann Sprechpausen eingelegt werden sollen.
Entscheidet, wie die Stimme klingen soll.
Tragt das Gedicht vor. Sprecht dabei deutlich.
Gebt euch Tipps oder ein Lob.

>>S. 186: Autor, Gedicht / Strophe / Vers

Bücher

Bücher
können
reden,
lachen,
weinen,
träumen,
reisen.

Irgendwann
braucht jedermann
ein Buch,
mit dem er
reden,
lachen,
weinen,
träumen,
reisen
kann.

Hartmut Kulick

Medien überall

Papa tippt auf seinem Handy.
Lisa liest ein Buch.
Tse Lamo sitzt vor ihrem Laptop,
weil sie etwas sucht.
Auf dem Tablet ist für Theo
eine E-Mail angekommen,
doch der hat sich jetzt gerade
seinen Comic mitgenommen.
Er liest in seinem Kinderzimmer,
hört dabei Musik,
aus der Musikbox, wie immer,
tönen neuste Hits.

Susanna Eckhoff

1 Was fällt dir an den beiden Strophen des Gedichts „Bücher" auf? Vergleiche sie. Schreibe dazu einen Satz auf.

2 Welche Medien werden in „Medien überall" genannt? Liste sie auf.

3 Welches ist dein Lieblingsmedium? Begründe.

Rund um die Bibliothek

Eine Bibliothek oder Bücherei ist ein Ort, an dem Bücher gesammelt und ausgestellt werden. Dort kannst du als Benutzer Bücher lesen und ausleihen. Außerdem findest du hier auch Zeitschriften, Comics, Hörbücher, Filme, Musik-CDs, Spiele ...

Leihfristen

DVDs	2 Wochen
CDs	2 Wochen
Zeitschriften	2 Wochen
alle andere Medien	4 Wochen

Wenn du etwas aus der Bibliothek mit nach Hause nehmen willst, benötigst du eine Chipkarte als Leseausweis. Darauf wird gespeichert, welche Bücher du dir ausgeliehen hast und wann du sie zurückgeben musst.

Früher wurde alles von Hand aufgeschrieben. Heute speichern meist Computer alle Daten* der Benutzer.
Große Bibliotheken stellen Informationen über ihre Öffnungszeiten, Veranstaltungen, Bücher, Zeitschriften und andere Medien ins Internet.

LESEAUSWEIS

Stadtbibliothek
Hauptstraße 1
12345 Sonnenschein
012345/12345

Öffnungszeiten
Mo – Fr 10.00 – 19.00 Uhr
Sa 10.00 – 13.00 Uhr

Jedes Buch erhält eine Nummer und wird in einen Katalog eingetragen. Danach ordnen die Bibliothekare das Buch in das richtige Regal ein. Sie helfen dir, wenn du ein Buch suchst. Für Schulklassen bereiten sie Führungen vor.

*Daten: Angaben und Informationen über Personen, Pflanzen, Tiere, Gegenstände und anderes mehr, die häufig digital gespeichert werden

 >> S. 187: Internet, Medien

Die Leser kommen jeden Tag mit vielen Fragen und Wünschen zu den Bibliothekaren: Sie suchen ein bestimmtes Buch, sie wollen die ausgeliehenen Medien, zum Beispiel ein Hörbuch, noch länger behalten oder sie möchten weitere Buchempfehlungen.
Aber auch die Bibliothekare haben einige Bitten an die Benutzer.

unbekannter Verfasser

In vielen Schulen gibt es Bibliotheken, in denen sich die Kinder Bücher und andere Medien ansehen und ausleihen können. Bücher und Zeitschriften können sie ebenfalls dort lesen.
Auch in der Schulbibliothek gelten bestimmte Regeln.

○ **1** Welche Informationen sind neu für dich? Zähle auf.

○ **2** Welche Leihfrist gilt für Bücher? Lies nach.

● **3** Welche Bitten könnte eine Bibliothekarin oder ein Bibliothekar an die Nutzerinnen und Nutzer richten? Schreibt Stichpunkte auf.

● **4** Plant einen Besuch in einer Bibliothek.
Überlegt euch W-Fragen, die ihr dort stellen möchtet.
Schreibt sie auf. >>S. 145

Der Wolf, der aus dem Buch fiel

1 Vermute, was in der Erzählung geschehen könnte.

Das Regal im Kinderzimmer war so vollgestopft mit Büchern, dass eines Tages ein Buch zu Boden fiel. Heraus purzelte ein Wolf, der sich verwundert umsah. In dem Buch war er ein böser Wolf – groß und schwarz mit spitzen Zähnen. Aber jetzt war er allein in dem fremden Zimmer und schlotterte vor Angst.

Was sollte er nur machen? Im ersten Moment wollte der Wolf unter sein Buch flüchten, das wie ein kleines Zelt am Boden lag. Aber dann erstarrte er.

In dem Kinderzimmer wohnte nämlich eine riesige Katze. Gierig leckte sie sich das Maul, als sie den Wolf entdeckte.

„Fass mich ja nicht an!“, sagte der Wolf zu der Katze. „In meinem Buch bin ich der böse Wolf, und alle fürchten sich vor mir.“

„Schon möglich“, schnurrte die Katze. „Aber du bist nicht in deinem Buch. Du bist hier im Kinderzimmer, und das ist mein Revier!“

Da bekam der Wolf solche Angst, dass er schnell in sein Buch zurückschlüpfte.

Aber er kam nicht weit. Ein Schaf warf ihn hinaus, weil er zu früh in der Geschichte auftauchte. „Was willst du hier, Wolf? Du bist zu früh dran!“, blökte es empört. „Der böse Wolf kommt in dieser Geschichte noch nicht vor. Also wirklich! Kann man hier nicht mal in Ruhe grasen?“

Der Wolf wollte weiter hinten in sein Buch schlüpfen, aber dort versperrten ihm andere Wölfe den Weg. „Kommst du auch schon?“, knurrten sie. „Jetzt, wo die Geschichte zu Ende ist? Tolle Leistung! Hau bloß wieder ab!“

Die Katze kam immer näher. Wo sollte der Wolf jetzt hin? In letzter Sekunde kletterte er auf das Bücherregal. Dort wollte er sich ganz oben in einem Buch verstecken. Aber das Regal war steil wie eine Felsklippe. Immer wieder stürzte der Wolf beinahe hinunter.

Endlich hatte er das oberste Regalbrett erreicht und schlüpfte – schwupp! – in ein Buch. Es war ein Märchenbuch …

Thierry Robberecht (Autor), Grégoire Mabire (Illustrator)

2 Wie kam der Wolf in das Kinderzimmer? Finde die Zeilen.

3 Wie ergeht es dem Wolf im Kinderzimmer? Erzähle.

4 Erinnere dich an deine Vermutung. Hat sie sich bestätigt? Begründe.

5 Schreibe zu dem Text in dein Lesetagebuch.

Das ist ein Buch!

Was hast du denn da?
Das ist ein Buch.

Und wie scrollst du vor und zurück?
Ich scrolle überhaupt nicht.
Ich schlage die Seiten um.
Das ist ein Buch.
Kannst du damit bloggen?
Nein – das ist ein Buch.

Und wo ist die Maus?
?
Kannst du mit den Figuren kämpfen?
Nö. Das ist ein Buch.
Kannst du damit smsn*?
Nein.
Twittern?
Nein.
WLAN?
Nein, das ist ein Buch.
Schau mal her!

*smsn: sprich: „simsen“

 >>S. 186: Buch

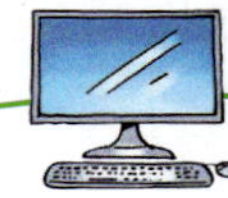

Viel zu viele Buchstaben.
Ich bring das mal in Ordnung.
Was kann ein Buch noch?
Braucht es ein Passwort?
Nein.
Braucht es einen Nickname?
Nein. Das ist ein Buch!

Kann ich mein Buch jetzt endlich
zurückhaben?
Nein.
Auch gut ... Dann gehe ich jetzt
in die Buchhandlung.
Keine Sorge, ich lade es wieder auf,
wenn ich durch bin!
Musst du gar nicht. Das ist ein Buch!

Lane Smith

1 Worum geht es in dem Buch, das der Fuchs und der Hase lesen? Lies nach.

2 Lest den Text mit verteilten Rollen. >>S. 185

3 Welche Wörter und Abkürzungen kommen aus dem Englischen? Forscht mithilfe von Kindersuchmaschinen nach, was sie bedeuten und erklärt sie euch.

Medienzeit

1 Was erwartest du vom Text?

Elisa sitzt im Arbeitszimmer vor Mamas Computer. Heute hat sie eine Stunde Medienzeit. Zuerst muss sie 15 Minuten Mathematik üben.

Auf dem Bildschirm sind viele kleine Ordner. Ein Ordner heißt „Elisa“. Wenn sie daraufklickt, kommt sie zu den Programmen, die sie nutzen darf.

Elisa hat mit ihrer Mutter ausgemacht, dass sie am Computer das kleine Einmaleins übt. Sie klickt auf das Lernprogramm.

Pling Auf dem Bildschirm steht: „Was willst du heute üben?“

Elisa klickt auf die Einmaleins-Aufgaben. „Prima! Und los!“, antwortet das Programm. Und schon erscheint die erste Aufgabe.

Der Computer fragt Elisa geduldig die Einmaleinsreihen ab. Immer wieder schlägt er ihr neue Aufgaben vor. Wenn sie sich etwas gemerkt hat, lobt er sie. Nach 15 Minuten ist Elisa fertig. Nun schließt sie das Lernprogramm und darf noch andere Dinge am Computer machen.

Sie hat vor ein paar Tagen angefangen, ihre Geburtstagseinladung zu tippen. Nun öffnet sie die Datei* und schreibt weiter:

Bitte sage mir bis 15. Juni Bescheid,
ob du kommen kannst.
Deine Elisa

>>S. 187: Medien

In der Schule hat Elisa gelernt, wie man den Text bearbeiten kann. Sie gestaltet ihn in verschiedenen Schriften und Farben. Am Schluss fügt sie noch ein Bild ein. Fertig!

Lieber Leopold!

Ich lade Dich

am 30. Juni

um 16 Uhr

im Möwenweg

zu meinem GEBURTSTAG ein.

Bringe eine Badehose und ein Handtuch mit.

Bitte sage mir bis 15. Juni Bescheid, ob du kommen kannst.

DEINE ELISA

Neugierig klickt Elisa auf das Mail-Symbol. Ob Klara ihr schon geschrieben hat? Sie ist vor einer Weile mit ihrer Familie in eine andere Stadt gezogen, 500 km entfernt.

„Sie haben Post!“, steht auf dem Bildschirm. Elisa liest gespannt, was Klara von ihrer neuen Schule berichtet.

Der Wecker klingelt. Elisas Zeit am Computer ist für heute vorbei. Morgen wird sie eine Antwort an Klara schreiben.

Und Papa druckt ihr noch die Einladungen aus. Dann kann Elisa sie morgen verteilen. Das wird ein cooler Tag!

Susanna Eckhoff

2 Welche Aufgaben erledigt Elisa am Computer? Zähle sie auf.

3 Wie lange darf Elisa am Laptop arbeiten und wie teilt sie sich die Zeit ein? Lest nach.

4 Wofür nutzt ihr den Computer? Tauscht euch darüber aus.

5 Erinnere dich an deine Erwartung an den Text. Hat sie sich erfüllt? Begründe.

*Datei: Speicherort für Fotos, Texte, Bilder oder Filme

Der Tag, an dem die Oma das Internet kaputt gemacht hat

„Es geht nicht mehr“, sagte die Oma. Sie saß vor dem Computer und klickte mit der Maus. Jedes Mal, wenn sie einen Doppelklick machte, sagte sie: „Klick, klick.“ Tiffany blickte von ihrem Puzzle auf. Guckte die Oma an. Es waren Ferien. Deswegen war Tiffany nicht im Kindergarten, sondern im Wohnzimmer. Und deswegen waren Oma und Opa da. Zum Aufpassen, hatten Mama und Papa gesagt. Aber wer auf wen aufpassen sollte, hatten sie nicht gesagt. Deswegen passte Tiffany auf Oma auf. Vorsichtshalber. „Klick, klick“, sagte die Oma. „Es geht einfach nicht mehr!“ „Was geht nicht mehr?“, fragte Tiffany. „Das Internet“, sagte die Oma. „Schau. Klick, klick. Aber nichts passiert.“ „Was ist das Internet?“, fragte Tiffany. „Klick, klick“, sagte die Oma. „Das Internet, hm ...“ Die Oma kratzte sich an der Nase, dachte angestrengt nach und sagte endlich: „Das Internet ist so etwas Ähnliches wie Videotext.“

„Du hast echt keine Ahnung, Oma“, sagte Max. Er lag auf dem Sofa, sein Handy in der Hand, und schrieb eine Textnachricht an seinen besten Freund. Max war schon zehn. „Das Internet“, erzählte Max seiner kleinen Schwester, „ist wie die Pinnwand über meinem Schreibtisch. Nur viel, viel größer! Verstehst du? Da kann man Nachrichten dranheften oder Fotos oder Geschichten und Ausmalbilder, sogar Musik und Filme und alles Mögliche. Und es haben schon ganz viele Leute Sachen an das Internet drangeheftet. Deshalb findet man inzwischen auf viele Fragen die Antwort im Internet. Manchmal ist die Antwort aber leider falsch. Weil nicht alle, die im Internet rumklicken, schlau sind.“

 >>S. 187: Internet

„Klick, klick“, sagte die Oma.

„Das Internet“, sagte Max, „verbindet all unsere Computer und Handys und noch viele andere Geräte.
Deswegen kann man über das Internet auch mit anderen Menschen sprechen.
Oder Spiele spielen. Oder Nachrichten versenden.
Das mache ich gerade.“

Er drückte auf seinem Handy auf Senden, aber das Handy sendete nicht.
Darum drückte er nochmal auf Senden. Und nochmal.

„Senden“, sagte Max und drückte auf Senden. Aber nix wurde versendet.

„Das Internet geht wirklich nicht mehr“, stellte er erstaunt fest.

„Sag ich doch“, sagte die Oma.

„Warum geht es nicht mehr?“, fragte Tiffany.

„Ich glaube“, sagte die Oma beschämt, „ich habe das Internet kaputt gemacht.“

„Du kannst das Internet nicht kaputt machen“, sagte Max.

„Ich habe das ganze Internet kaputt gemacht“, sagte die Oma kopfschüttelnd. „Aus Versehen.“

„Du hast auf keinen Fall das ganze Internet kaputt gemacht“, sagte Max.

Aber da täuschte er sich. Die Oma hatte tatsächlich das Internet kaputt gemacht.
Das ganze Internet. Auf der ganzen Welt.
Kaputt gemacht. Von der Oma. Aus Versehen. Klick, klick.

Marc-Uwe Kling

○ **1** Wer passt auf wen auf? Lies nach.

◒ **2** Wie erklärt Max das Internet? Findet die Textstellen.

● **3** In den Begleitsätzen der wörtlichen Rede kommt oft das Verb „sagen“ vor. Welche anderen Verben würdet ihr verwenden? Notiert sie euch.

● **4** Überlegt, wie ihr den Text gestalten könnt. >>S. 165, 185

Elektronische Post

Früher hat man Nachrichten und Briefe mit der Hand auf Papier geschrieben. Oft dauerte es Tage oder Wochen, bis ein Brief bei seinem Empfänger angekommen war.
Heute werden viele Briefe elektronisch verschickt, als E-Mail. Man geht davon aus, dass in einigen Jahren täglich mehr als 300 Milliarden E-Mails verschickt werden.
Absender und Empfänger haben eine E-Mail-Adresse.

So schreibst du eine E-Mail:

Hinter **An** schreibst du die E-Mail-Adresse des Empfängers.

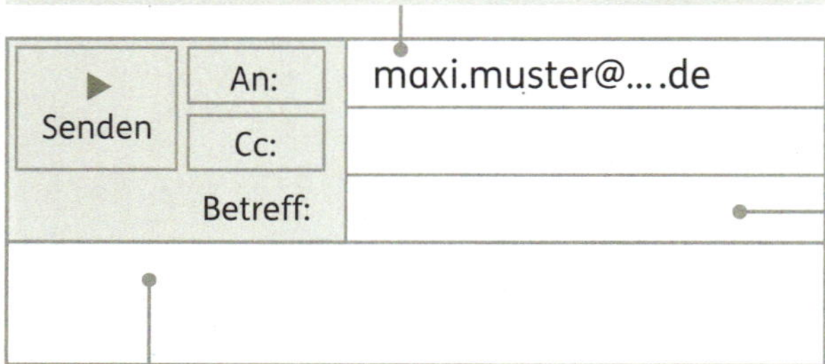

In den **Betreff** schreibst du kurz, um was es in der E-Mail geht, zum Beispiel:
- Termin morgen,
- Geburtstag,
- Hausaufgaben.

An diese Stelle schreibst du deinen Brief oder Text:

Hey Phillip,
ich kann jetzt auch E-Mails schreiben!
Viele Grüße
Theo

Susanna Eckhoff

○ **1** Wo findest du das @ auf der Tastatur eines Computers? Schreibe einen Satz auf.

◒ **2** Schreibe einer Freundin oder einem Freund eine E-Mail. Überlege dir einen Anlass.

● **3** Was unterscheidet eine E-Mail von einem „echten“ Brief? Erkundigt euch und berichtet.

Textnachrichten

Bernadette Girshausen

Textnachrichten unterscheiden sich von Briefen und mündlichen Gesprächen. Man könnte sagen, sie stehen dazwischen.
Eine elektronische Unterhaltung nennt man Chat.
Häufig werden Bilder (Emojis) verwendet.

1 Was ist typisch für Textnachrichten? Lies den Chatverlauf und sammle Ausdrucksweisen.

2 Warum antwortet Tim nicht, nachdem Julian die Emojis versendet hat? Tauscht euch darüber aus.

3 Denkt euch einen Chat aus. Überlegt euch genau, in welcher Situation ihr gerade seid und was ihr schreiben wollt.

MK Aufgaben 1–2

Worüber der Franz unzufrieden ist

1 Kennst du die Wörter der Wortfamilie?
Lies sie und bilde mit den Wörtern Sätze.
Du kannst die Satzanfänge nutzen.

schwindeln	Franz schwindelt.
Schwindel	...
schwindelig	...
geschwindelt	...

2 Welche Medien-Wörter mit Bindestrich kennst du noch?
Ergänze.

TV-Serie TV-Programm TV-Kabel TV-Moderator
Spezial-Antenne Spezial-Ausgabe Spezial-Sendung

3 Was verändert sich beim Astronauten? Lies genau.

Astronaut
Astronautenanzug
Astronautenanzugshose
Astronautenanzugshosenbein

4 Wie klingen die Sätze mit piepsiger Stimme? Lies betont.

Franz piepste:
„Den gibt es! Ist mit einer Spezial-Antenne
zu empfangen, die mein Papa gebastelt hat!“

Christine Nöstlinger

Worüber der Franz unzufrieden ist

Der Franz ist mit seinen Eltern fast immer zufrieden. Nur wenn es ums Fernsehen geht, ärgert er sich über sie. Bloß drei Programme kann der Franz sehen. Die Kinder in der Schule reden immer von den Filmen, die sie angeschaut haben. Und er kann dann nie mitreden. Vor zwei Wochen haben die Kinder über eine TV-Serie geredet. Ein Detektiv hatte einen Hund, der Verbrechen erschnüffelt. Einige Kinder haben gesagt, so einen Hund gibt es nicht.

Alexander hat Franz gefragt: „Was meinst du?“ Franz wollte nicht schon wieder sagen: „Ich habe die Serie nicht gesehen.“

So sagte er: „Ich hab was anderes angeschaut.“

Alexander fragte: „Und zwar?“

Franz antwortete: „Eine von einem Astronauten, der von einem anderen Planeten kam.“

Max fragte: „Auf welchem Sender?“

Franz antwortete mit piepsiger Stimme: „Sat-sechs!“ Die anderen Kinder riefen: „Sat-sechs gibt es gar nicht!“

Franz piepste: „Den gibt es! Ist mit einer Spezial-Antenne zu empfangen, die mein Papa gebastelt hat!“

nach Christine Nöstlinger

○ **1** Wann ärgert sich Franz über seine Eltern? Lies nach.

◒ **2** Warum schwindelt Franz? Finde die passenden Textstellen.

◒ **3** Welche Wörter haben sich versteckt? Finde sie.

SelSendungguProgrammligAstronautfupiepsenFalFernseherJatHund

Worüber der Franz unzufrieden ist

Der Franz ist mit seiner Mama und mit seinem Papa fast immer zufrieden. Nur wenn es ums Fernsehen geht, muss er sich über sie ärgern. Weil sie Fernseh-Muffel sind! Bloß drei Programme kann der Franz sehen. Der Franz kommt sich wie „der Blöde“ vor, weil die Kinder in der Schule immer von den Filmen reden, die sie im Fernsehen angeschaut haben. Und er kann dann nie mitreden. Vor zwei Wochen haben die Kinder wieder einmal über eine TV-Serie geredet. Darin hatte ein Detektiv einen Hund, der Verbrechen erschnüffelt hat. Einige Kinder haben gesagt, das ist totaler Unsinn. So einen Hund gibt es nicht. Alexander hat Franz gefragt: „Was meinst du?“ Franz wollte nicht schon wieder sagen: „Ich habe die Serie nicht gesehen.“ So sagte er: „Ich hab was anderes angeschaut.“ Alexander fragte: „Und zwar?“ Franz antwortete: „Eine von einem Astronauten, der von einem anderen Planeten kam.“ Max fragte: „Auf welchem Sender?“ Franz antwortete mit piepsiger Stimme: „Sat-sechs!“ Die anderen Kinder tippten sich mit einem Zeigefinger an die Stirn. Sie riefen: „Sat-sechs gibt es gar nicht!“ Franz piepste: „Den gibt es! Ist mit einer Spezial-Antenne zu empfangen, die mein Papa gebastelt hat!“

nach Christine Nöstlinger

1 Wann ärgert sich Franz über seine Eltern? Lies nach.

2 Warum schwindelt Franz? Finde die passenden Textstellen.

Worüber der Franz unzufrieden ist

Der Franz ist mit seiner Mama und mit seinem Papa fast immer zufrieden.
Nur wenn es ums Fernsehen geht, muss er sich über die beiden ärgern.
Weil sie Fernseh-Muffel sind! Kabel-Fernsehen oder eine Satelliten-Schüssel wollen sie nicht. Bloß drei Programme kann der Franz sehen.
Der Franz kommt sich wie „der Blöde“ vor, weil die Kinder in der Schule immer von den Filmen reden, die sie im Fernsehen angeschaut haben.
Und weil die Kinder sehr oft und sehr lang davon reden, kann er sehr oft nicht mitreden und muss sehr lang den Mund halten.
Vor zwei Wochen nun haben die Kinder wieder einmal über eine TV-Serie geredet. Über eine, wo ein Detektiv einen Hund als Partner hat.
Und der ist so klug, dass er Verbrechen erschnüffelt.
Die einen Kinder haben die Serie toll gefunden. Die anderen Kinder haben gesagt, sie sei totaler Unsinn. Weil es so einen Hund nicht geben kann.
„Was meinst du?“, hat ihn der Alexander gefragt.
Der Franz wollte nicht schon wieder sagen, dass er diese Serie zu Hause nicht sehen kann. So sagte er: „Ich hab was anderes angeschaut.“
„Und zwar?“, fragte der Alexander.
„Eine ...von einem Astronauten ... von einem anderen Planeten ...“
„Auf welchem Sender?“, fragte Max.
„Sat-sechs!“, sagte der Franz und seine Stimme war dabei ein bisschen piepsig.
Die anderen Kinder tippten sich mit einem Zeigefinger an die Stirn.
„Sat-sechs gibt es gar nicht!“, riefen sie.
Franz piepste: „Den gibt es! Ist mit einer Spezial-Antenne zu empfangen, die mein Papa gebastelt hat!“

Christine Nöstlinger

○ **1** Wann ärgert sich Franz über seine Eltern?
Lies nach.

◒ **2** Warum schwindelt Franz?
Finde die passenden Textstellen.

● **3** Erfindet eine weitere Sendung.
Gebt der Sendung einen Titel.

Einen Text gestalten

Der unglaubliche Bücherfresser

Henry aß alle Arten von Büchern gerne: Erzählungen, Wörterbücher, Atlanten, Witzbücher, Sachbücher, ja sogar Mathebücher. Aber seine absoluten Lieblinge waren rote Bücher. Er verschlang sie in einem rasenden Tempo.

Und das Beste daran war: Je mehr er aß, desto klüger wurde er. In kurzer Zeit konnte er das Kreuzworträtsel seines Vaters in der Zeitung lösen. Und er war sogar klüger als die Lehrer in seiner Schule. Henry liebte es, klug zu sein.

Wenn er so weitermachte – wer weiß –, vielleicht würde er dann ja sogar der **klügste** Mensch der Welt. Also machte er weiter mit dem Bücherfressen … Und das machte ihn immer **klüger** … und **klüger** … und **klüger**.

Bald schon schaffte er nicht nur ein Buch auf einmal, sondern drei oder vier. Bücher über jedes Thema. Henry war dabei nicht wählerisch, er wollte einfach alles wissen.

Doch dann lief es nicht mehr ganz so gut. Um genau zu sein, es lief sehr, sehr schlecht. Henry aß zu viele Bücher, und noch dazu viel zu hastig. Er fing an, sich ein bisschen krank zu fühlen. Aber das Schlimmste war: Alles, was er lernte, geriet durcheinander … Er hatte einfach keine Zeit, es richtig zu verdauen. Es wurde ziemlich peinlich für ihn zu sprechen.

Und auf einmal fühlte sich Henry überhaupt nicht mehr klug. Mehr und mehr Leute sagten zu ihm: „Hör auf mit dem Bücherfressen!“

Also gab Henry das Bücherfressen auf und saß lange nur traurig da. Was sollte er jetzt tun?

Dann, nach einer Weile, nahm sich Henry ein angefressenes Buch vom Boden. Es war fast zufällig. Aber statt es sich in den Mund zu schieben … öffnete Henry es … und begann zu lesen. Und es war SO gut.

Henry entdeckte, wie schön Lesen ist.

Oliver Jeffers

So kannst du einen Text gestalten

1. Wähle einen Text aus.

2. Entscheide, ob du den ganzen Text oder einen Teil gestalten willst.

3. Wähle eine Gestaltungsform aus, die sich für den Text eignet.

Es gibt viele Gestaltungsformen:

- **mit der Stimme:**
vorlesen oder vortragen, ein Hörspiel aufnehmen ...

- **mit dem Körper:**
ein Rollenspiel durchführen,
Gesichtsausdrücke und Bewegungen einsetzen,
einen passenden Tanz erfinden,
ein Handpuppenspiel aufführen,
einen Film drehen ...

- **mit Tönen und Musik:**
Geräusche zum Text machen,
eine Melodie erfinden,
passende Lieder finden ...

- **mit Stift und Papier:**
Bilder und Bildergeschichten anfertigen,
mit Schrift gestalten,
ein Leporello herstellen,
eine Parallelgeschichte schreiben,
die Geschichte weiterschreiben,
die Geschichte aus einer anderen Sicht schreiben,
in dein Lesetagebuch schreiben ...

4. Gestalte einen Vortrag, ein Musikstück oder ein Leporello* zu „Der unglaubliche Bücherfresser“. Lass dir dazu Rückmeldungen, Tipps oder ein Lob geben.

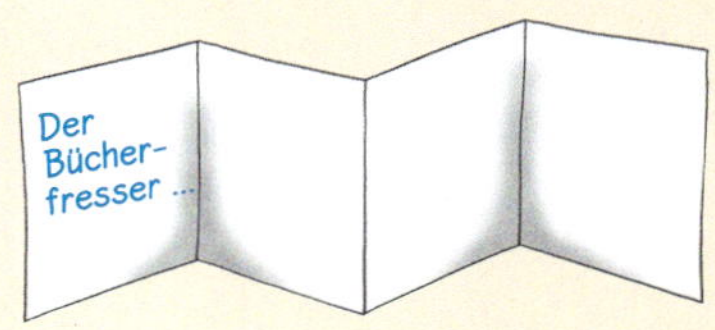

*Leporello: ein kleines gebasteltes Faltbuch

Durch das Jahr

Die vier Jahreszeiten

Der Frühling

Mit duftenden Veilchen komm ich gezogen,
auf holzbraunen Käfern komm ich gebrummt,
mit singenden Schwalben komm ich geflogen,
auf goldenen Bienen komm ich gesummt.
Jedermann fragt sich da,
wie das geschah:
Auf einmal
bin ich
da!

Der Sommer

Ich bin der Sommer. In erbsgrünen Hosen,
kirschrotem Wams ziehe ich lustig einher.
Heb ich die Finger, blühen die Rosen.
Heb ich die Hand, rauscht die Welle im Meer.
Spiel ich die Flöte, tanzt der Delphin,
duftet's nach Wiesengrund und nach Jasmin.

 >>S. 188: Mascha Kaléko

Der Herbst

Ich bin, das läßt sich nicht bestreiten,
die herbste aller Jahreszeiten:
rauhe Winde, scharf wie Säbel,
welke Wälder, graue Nebel.
Die Vögel klagen leise, leise
und gehen auf die Winterreise.

Der Winter

Die Pelzkappe voll mit schneeigen Tupfen,
behäng ich die Bäume mit hellem Kristall.
Ich bringe die Weihnacht und den Schnupfen,
Silvester und Halsweh und Karneval.
Ich komme mit dem Schlitten von Nord und Nord-Ost –
Gestatten Sie: Winter. Mit Vornamen: Frost.

Mascha Kaléko (alte Rechtschreibung)

1. Wähle aus „Die vier Jahreszeiten“ dein Lieblingsgedicht aus. Begründe deine Wahl.

2. Übt, ein Gedicht vorzutragen. Achtet auch auf Pausen und sprecht deutlich. Überlegt, wie ihr euch passend kleiden wollt.

3. An welchen Teil einer Frühlingsblume erinnert dich die Form von „Der Frühling“? Welche Form hätte Mascha Kaléko für den Sommer, den Herbst oder den Winter wählen können? Überlegt.

>> S. 186: Gedicht / Strophe / Vers

Das erste Märchen von den zwölf Monaten

Es war einmal eine Mutter mit vielen Kindern. Die Mutter war arm. Die Kinder waren arm. Eines Tages ging die Mutter in den Wald. Sie wollte Holz suchen. Auf dem Weg begegneten ihr zwölf Jünglinge. Das waren die zwölf Monate. Die zwölf Monate grüßten die Mutter. Sie fragten: „Welcher von den zwölf Monaten ist der schönste?“ Die Mutter dachte eine Weile nach. Dann sagte sie: „Jeder Monat ist schön! Im Januar liegt der weiße Schnee. Im Februar kommt der lustige Fasching. Im März sprießen die ersten Veilchen. Im April blüht unser Apfelbaum. Im Mai duftet der Flieder. Im Juni geht's ins Heu. Im Juli werden die Kirschen rot. Im August wird der Weizen gelb. Im September reifen die Äpfel am Baum. Oktober macht die Trauben süß. November webt alles in weißen Nebel ein. Dezember bringt das liebe Weihnachtsfest. Alle Monate sind schön!“ Als die zwölf Monate das hörten, freuten sie sich. Sie sagten zur Mutter: „Gib uns dein Kopftuch!“ Die zwölf Monate füllten das Kopftuch und gaben es der Mutter zurück. Die Mutter bedankte sich und ging nach Hause. Zu Hause machte sie das Kopftuch auf. Sie schüttete die Geschenke der zwölf Monate auf den Tisch: Viele, viele Goldstücke waren das. Nun hatte die Not ein Ende.

Eleonora Berger

○ **1** Was findet die Mutter an den zwölf Monaten schön? Lies vor.

◒ **2** Woran kannst du erkennen, dass es sich um ein Märchen handelt? Belege mit Textstellen. >>S. 85

○ **3** Schreibe zu dem Text in dein Lesetagebuch.

Das zweite Märchen von den zwölf Monaten

Die Nachbarin kam vorbei und sah den Segen. Sie schlug die Hände zusammen und rief: „Woher habt ihr das Gold?“ Die Mutter antwortete: „Auf dem Weg in den Wald habe ich die zwölf Monate getroffen. Sie haben mir das Gold gegeben.“ Da stürzte die Nachbarin aus der Tür und lief in den Wald. Wirklich, auch sie traf die zwölf Monate. Die zwölf Monate fragten auch die Nachbarin: „Welcher Monat ist der schönste?“ Die Nachbarin zog die Stirn kraus. Sie dachte nach. „Ach“, sagte sie dann, „keiner taugt viel. Der Januar, das ist ein Holzverbrenner. Im Februar macht der Fasching die Leute verrückt. Im März taut es. Die Wege werden schmutzig! Na, und der April! Der tut gar, was er will, mit Regen und mit Sonnenschein. Taugt der Mai etwas? Die Eismänner bleiben doch nie aus und die nasse Sophie. Im Juni kann man beim Heuen schwitzen. Im Juli fallen die Spatzen über die roten Kirschen her. Und im August die Hitze! Ich mag gar nicht daran denken. September macht die Tage schon kürzer. Im Oktober fängt das teure Heizen an. Und der November! Nur Nebel und Regen tagein, tagaus. Im Dezember lohnt es das Aufstehen nicht. Es ist ohnedies Tag und Nacht finster. Nein, die Monate taugen allesamt nicht viel.“ So sprach die Nachbarin. Sie knüpfte schon ihr Kopftuch ab. Jetzt würden ihr die zwölf Monate das Geschenk geben. Die zwölf Monate machten ernste Gesichter. Sie nahmen das Kopftuch und füllten etwas hinein. Die Nachbarin vergaß das Danken. Sie packte ihr Kopftuch. Sie rannte, was sie konnte, nach Hause. Außer Atem kam sie an. Sie öffnete den Knoten im Kopftuch. Sie schüttete das Geschenk der zwölf Monate auf den Tisch. Die Nachbarin schrie auf. Was lag auf dem Tisch? Lag Gold auf dem Tisch? – Nein. Lag Silber auf dem Tisch? – Nein. Rossknödel hatten die zwölf Monate in das Kopftuch getan.

Eleonora Berger

○ **1** Wie beschreibt die Nachbarin die zwölf Monate? Erzähle.

○ **2** Was „schenken“ die zwölf Monate der Nachbarin? Finde die Textstelle.

● **3** Welches der beiden Märchen gefällt dir besser? Begründe.

Dinge, die man tun sollte, ...

... wenn es Frühling ist.

- die Fenster putzen
- das Fahrrad fit machen
- am offenen Fenster den Frühling einatmen
- ein Beet umgraben
- den Vögeln beim Singen zuhören

... wenn es Sommer ist.

- im Freien übernachten
- Sternschnuppen zählen
- Glühwürmchen suchen
- auf einem Grashalm pfeifen
- einen Grillabend veranstalten
- Eiswürfel lutschen

... wenn es Herbst ist.

- eine Kastanie aufheben und in die Tasche stecken
- Drachen steigen lassen
- den Wind in einer Tüte fangen
- mit dem Wind um die Wette laufen
- in einen Blätterhaufen springen

... wenn es Winter ist.

- einen Mini-Schneemann bauen und ihn im Tiefkühlschrank aufbewahren
- einen Bratapfel essen
- einen Tag im Pyjama verbringen
- einen Brief schreiben
- ein Brot backen

Sabine Bohlmann

1 Wähle zu jeder Jahreszeit die Tätigkeit aus, die dir am besten gefällt. Erzähle dazu.

2 Was könnt ihr in den Jahreszeiten noch tun? Tauscht euch darüber aus.

Wie kommen die Jahreszeiten zustande?

Die Erdachse* steht nicht senkrecht auf der Erdbahn, sondern ist geneigt. Dadurch kommen die Jahreszeiten zustande. Im nördlichen Sommer ist die Nordhalbkugel zur Sonne geneigt. Wir im Norden bekommen dann viel Sonne, haben lange Tage und hohe Temperaturen. Mittags steht die Sonne hoch am Himmel.

Im Winter dagegen sind wir benachteiligt. Die Nordhalbkugel ist dann von der Sonne weggekippt. Wir haben kurze Tage und niedrige Temperaturen. Wenn bei uns im Norden Winter ist, dann ist auf der Südhalbkugel Sommer. Die Kinder in Südamerika und Australien können in den Weihnachtsferien am Strand baden.

Erich Übelacker

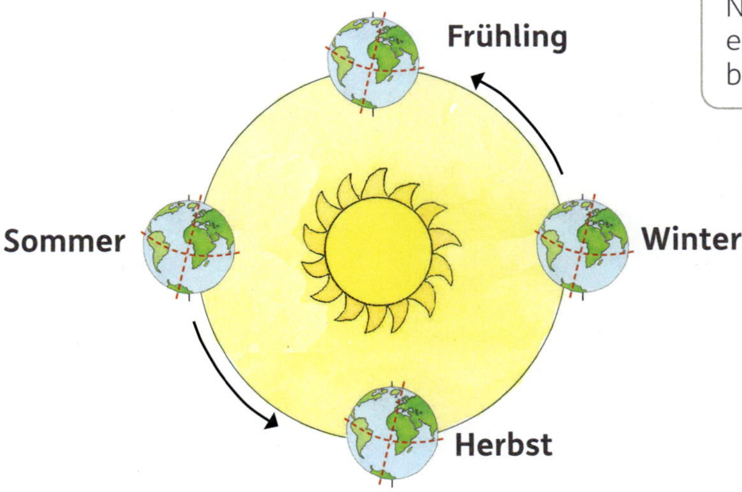

1 Finde Schlüsselwörter zur Entstehung der Jahreszeiten. >>S. 29

2 Vergleicht den Text mit dem Bild. Erklärt, wie die Jahreszeiten zustande kommen.

3 „Im Winter dagegen sind wir benachteiligt.“ Wie findest du die Aussage? Begründe deine Meinung.

*Erdachse: eine gedachte Linie zwischen Nordpol und Südpol

Nebel

Verloren
im Nebelmeer
bin ich gegangen
durch die Allee,
bedachtsam sehr.
Schweigen
rings um mich her.

Nichts
war zu vernehmen.
Nur dies
Knistern
ab und zu
auf dem Kies.
Ich wusste, das waren
meine Füße.
Sie suchten da unten
ihren Weg,
die unsichtbaren.

Und einmal
ein leises Flüstern,
links,
nah.
Ein Ahorn
in der Ahornallee
fragte den andern:
Bist du noch da?

Josef Guggenmos

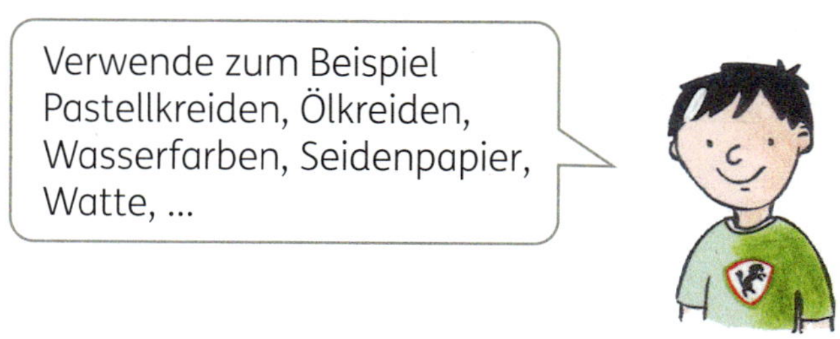

○ **1** Was nimmt das Ich im Nebel wahr? Beschreibe.

● **2** Schreibe einen Herbsttext. Gestalte ein Bild dazu.

Was ist das Laubhüttenfest?

Jedes Jahr im Herbst, nach der Ernte, bringen Kinder Obst und Gemüse in die Kirche. Die Christen feiern dann das Erntedankfest und es wird viel gegessen und getrunken.

Auch in der jüdischen Religion gibt es ein Erntedankfest, das im September oder Oktober gefeiert wird. Es wird das Laubhüttenfest genannt und erinnert an die Befreiung der Juden aus der Gefangenschaft in Ägypten. In der hebräischen Sprache heißt es „Sukkot“. Die ganze Familie baut dann an einer kleinen Hütte aus Holz und Ästen. Dann erfahren die Kinder die Geschichte von der Flucht aus Ägypten und der Wanderung durch die Wüste.

Vor langer Zeit lebte eine Gruppe von Juden in Ägypten. Sie mussten für den Pharao* hart arbeiten, weil er große Städte und Pyramiden bauen wollte. Eines Tages beschlossen die Arbeiter, mit ihren Familien zu fliehen. Damit sie schneller vorankamen, nahmen sie nur mit, was sie tragen konnten. In der Wüste übernachteten sie in Laubhütten. Immer wieder mussten sie die Hütten auf- und abbauen – die Reise durch die Wüste dauerte 40 Jahre lang. An diese Zeit soll das Laubhüttenfest erinnern.

Die Kinder stellen sich vor, wie es wäre, wenn sie in der Wüste leben müssten. Beim Laubhüttenfest werden die letzten Seiten in der Tora gelesen, das ist die heilige Schrift der Juden. Sie enthält die fünf Bücher Mose, die sich auch am Anfang des Alten Testaments in der Bibel finden. Die Juden danken Gott dafür, dass sie ein festes Dach über dem Kopf haben und es genug zu essen und zu trinken gibt.

Roland Rosenstock

○ **1** Warum feiern jüdische Familien das Laubhüttenfest? Lies nach.

◒ **2** Weshalb bauen Juden beim Laubhüttenfest eine Hütte aus Holz und Ästen? Erkläre.

*Pharao: ein mächtiger Herrscher im Alten Ägypten

Winterfreuden

Zwottel, der Zottelschratz aus den Worlitzer Wäldern, hing in den Zweigen der alten Fichte hinter dem Hutzelmannhaus – und was tat er dort oben? Er rüttelte an den Ästen und schüttelte Berge von Schnee herunter!
„Oho!“, rief Hörbe verdutzt. „Was soll das nun wieder?“ „Na was wohl?“, krähte der Zottelschratz. „Unsereins schi-scha-schüttelt gerade ein bisschen Schnee von den Zweigen, da werden wir’s unterm Reisighaufen hübsch warm haben, wenn es draußen kälter wird!“
„Aha“, brummte Hörbe. „Und dass du uns mit dem vielen Schnee auch den Eingang zuschüttest – daran hast du wohl nicht gedacht?“
„Nö“, sagte Zwottel mit einem Achselzucken.
„Unsereins kann eben nicht an alles zugleich denken, Hutzelmann. Außerdem lässt sich der Eingang ja wieder freischaufeln – oder?“ „Und wer soll das tun?“
„Na, ich denke: Das könntest du tun. Man muss sich ja die Arbeit teilen – du selber hast es mir oft gesagt!“
„Das könnte dir wohl so passen!“ Hörbe warf einen Schneeball nach Zwottel und traf ihn genau an der linken Achsel.
„Ui!“, kreischte Zwottel auf, damit hatte er nicht gerechnet. Erschrocken ließ er den Ast los, an dem er hing – und plumps! Lag er unten, im tiefen Schnee.
„Soll das vielleicht ein Spaß sein?!“ Er hatte Mühe sich wieder hochzurappeln – da traf ihn der nächste Schneeball, zur Abwechslung auf den Bauch.
„Na warte, das kriegst du zurück!“ Was Hörbe konnte, konnte der Zottelschratz schließlich auch! Nun flogen die Schneebälle hin und her, dass es nur so pfatschte*.

Otfried Preußler

1 Warum gefällt es Hörbe nicht, dass Zwottel den Schnee von den Zweigen schüttelt? Lies nach.

2 Weshalb hat der Autor trotz des Streits seine Erzählung „Winterfreuden“ genannt? Tauscht euch darüber aus.

3 Lest die Erzählung mit verteilten Rollen. >>S. 185

*pfatschte: klatschendes Geräusch beim Werfen der Schneebälle

Schneeflocken

Es schneit, hurra, es schneit!
Schneeflocken weit und breit!
Ein lustiges Gewimmel kommt
Aus dem grauen Himmel.
Was ist das für ein Leben!
Sie tanzen und sie schweben.
Sie jagen sich und fliegen,
Der Wind bläst vor Vergnügen.
Und nach der langen Reise,
Da setzen sie sich leise
Aufs Dach und auf die Straße
Und frech dir auf die Nase.

Volksgut

● **1** Setzt die Reise der Schneeflocken in Bewegung um. Spielt sie euch vor. Achtet auf Gesichtsausdrücke und Bewegungen. Gebt euch Rückmeldungen.

Winterexperiment

Du brauchst: Schneeflocken, 1 Lupe

So geht's:
Fange einzelne Schneeflocken auf und betrachte sie (auf einem dunklen Untergrund) mit einer Lupe.

Was passiert?
Du erkennst, dass Schneeflocken aus einzelnen Schneekristallen zusammengesetzt sind.

Warum?
Schnee entsteht, wenn sich in den Wolken bei Temperaturen von circa -15 °C winzige Wassertröpfchen zum Beispiel an Staubteilchen anlagern und zu Kristallen gefrieren. Fallen die Kristalle aus der Wolke, stoßen sie mit anderen Kristallen zusammen und bilden Schneeflocken. Verblüffend ist, wie unterschiedlich Schneeflocken aussehen können. Nur eines haben alle gemeinsam: Sie besitzen eine sechseckige Form.

Anita van Saan, Charlotte Wagner

○ **2** Wie entstehen Schneeflocken? Erklärt es euch.

○ **3** Wie sehen Schneeflocken aus? Findet zwei Textstellen.

Dann fängt Weihnachten an

Personen:
Maria und Josef
Erzähler
Ausrufer
Kaiser
2 Kinder
4 Hirten
Leute (Zuschauer)

Erzähler: Vor zweitausend Jahren ist es geschehn,
ihr sollt es hören, ihr sollt es sehn.
Ihr sollt erfahren, wie alles begann.
Seid mucksmäuschenstill! So fing alles an:

Kaiser: Ich bin der Kaiser von Rom, jeder weiß,
dass ich Kaiser Augustus heiß.
Ich bin der Größte im Römerreich.
Was ich zu sagen hab, hört ihr nun gleich.

Ausrufer: Der Kaiser von Rom befiehlt euch heut,
geht dorthin, wo ihr geboren seid.
Das Volk wird gezählt, so des Kaisers Wort.
Das wär's für heute. Und nun macht euch fort.

Erzähler: Josef war ein Zimmermann.
Als er des Kaisers Befehl vernahm,
hat er sich mit Maria in der Nacht
nach Bethlehem auf den Weg gemacht.

Maria: Weit ist der Weg nach Bethlehem.
Wer hätte das gedacht.
Weit ist der Weg nach Bethlehem.
Und dunkel ist die Nacht.

Josef: Maria, bald wird's wieder hell
und nicht mehr dunkel sein.
Denn Gott geht mit uns beiden mit,
er lässt uns nicht allein.

Maria: Gott ist bei uns bei Tag und Nacht,
genau das macht mich froh.
Bald kommt das Christuskind zur Welt.
Ich weiß nur noch nicht wo.

1. Kind: Maria und Josef kamen dann
nach langer Reise in Bethlehem an.
Leute: Wir haben keinen Platz!
Ihr sollt weitergehn!
1. Kind: Dann ließ man sie auf der Straße stehn.
2. Kind: Ihr Kind hat Maria in dieser Nacht
in einem Stall auf die Welt gebracht.
In Windeln wickelte sie es ein
und legte es in die Krippe hinein.

4 Hirten: Hirten sind wir alle vier,
keinen Reichtum bringen wir.
1. Hirte: Ich bringe euch ein kleines Licht.
2. Hirte: Ich helf euch in der Not.
3. Hirte: Ich bringe warme Decken mit.
4. Hirte: Ich bringe Milch und Brot.
4 Hirten: Hirten sind wir alle vier,
keinen Reichtum bringen wir.
Vertraut dem Kind, es gibt euch Mut,
vertraut und es wird alles gut.

Erzähler: Vor zweitausend Jahren ist es geschehn,
ihr habt es gehört, ihr habt es gesehn.
Ihr habt erfahren, wie alles begann.
Seid lieb zueinander,
dann fängt Weihnachten an.

Bernhard Lins

○ **1** Welche Geschenke bringen die vier Hirten?
Lies nach.

● **2** Spielt die Weihnachtsgeschichte. Ihr könnt das Spiel mit einer Kamera oder einem Tablet aufzeichnen.
Wie findet ihr euer Spiel? Gebt euch Tipps oder ein Lob. >> S. 185

>> S. 187: Szene/szenisches Spiel MK Aufgabe 2

Witze*

Hoppeln zwei Hasen nach China.
Sagt der eine zum anderen:
„Wir hätten Stäbchen mitnehmen sollen.
Hier fallen wir auf mit unseren Löffeln."

Jupp Becker

Treffen sich zwei Rühreier an Ostern.
Sagt das eine zum anderen:
„Ich bin heute so durcheinander."

unbekannter Verfasser

„Fritzchen, wieso schüttelst du denn
Kakao in die Futternäpfe der Hühner?",
fragt die Mutter.
Fritzchen antwortet:
„Ich möchte, dass die Hühner zu Ostern
Schokoladeneier legen."

Michael Karsten

Die Spatzen freuen sich:
„Bald ist Ostern. Dann verstecken die Gärtner
Körner in der Erde.
Und wir dürfen sie suchen!"

unbekannter Verfasser

○ **1** Zu welchem Fest passen die Witze? Belege mit Textstellen.

○ **2** Wähle einen Witz aus. Erzähle ihn deinem Partner.

● **3** Zeichne einen der Witze als Comic**.

* Witz: kurze Erzählung, die zum Lachen anregen soll

** Comic, eigentlich Comics: Bilderfolgen mit kurzen Texten in Sprech- oder Gedankenblasen sowie Zeichen für Geräusche

Die Sonne ist ein Lutschbonbon

Die Sonne ist ein Lutschbonbon –
schmeckt sicher nach Zitrone!
Doch leider hab ich nichts davon,
weil ich hier unten wohne …

Georg Bydlinski

August

Es kommt eine Zeit,
da wachsen die Bäume in den Himmel.
Die Blumen wollen so groß sein
wie Bäume.

Der Himmel
hoch oben
hat Wolken.

Es kommt eine Zeit,
da gehen rote Pilze
durch den Wald
und schwarzgelackte Käfer.
Da ist die Sonne so heiß,
dass man sie nicht anfassen kann.

Elisabeth Borchers

1 Welche Jahreszeit wird in den beiden Gedichten beschrieben? Belege mit Textstellen.

2 Schreibe ein eigenes Sommergedicht. Gestalte es passend.

>> S. 186: Gedicht / Strophe / Vers

Drachensteigen

○ **1** Welche Silben passen zusammen?
Schreibe die Wörter auf.

Dra-	la-	-gen	fröh-
fra-	-chen	-gen	-chen
stei-	hö-	-lich	-her

○ **2** Was tun die Kinder im Herbst?
Lies flüssig.

Die Kinder
Die Kinder lassen
Die Kinder lassen im Herbst
Die Kinder lassen im Herbst ihre Drachen
Die Kinder lassen im Herbst ihre Drachen in den Himmel
Die Kinder lassen im Herbst ihre Drachen in den Himmel steigen.

◒ **3** Welche Wörter passen zum Drachen? Finde sie.

Sport	Spiel	Regen	Wind	Sonne	Schnur
Stäbe	Schwanz	Papier	Herbst	Winter	Farbe

◒ **4** Wo sind die Wortgrenzen?
Trage sie ein.

DerDrachenwolltehinaufzumHimmelfliegen.

Drachensteigen

Die Kinder treffen sich im Herbst auf den Wiesen.
Sie lassen ihre Drachen steigen.
Der kleine Jörg sagt:
„Diesmal habe ich auch einen Drachen.“
Jörgs Drachen sieht etwas zerknittert aus.
Aber er steigt höher als alle anderen!
„Hurra!“, schreit Jörg.
„Mein Drachen ist der König!“
Die Kinder rennen bis zur Dämmerung
mit ihren Drachen über die Wiesen.
Dann wollen sie nach Hause gehen.
Aber Jörg steht mit leeren Händen da.
Die anderen fragen:
„Wo ist dein Drachen?“
Jörg sagt: „Ich habe ihn freigelassen.“
Die Kinder lachen: „Du bist dumm.“
Aber Jörg geht fröhlich heim.

nach Gina Ruck-Pauquèt

○ **1** Was ist an Jörgs Drachen anders?
Finde die Zeile.

◒ **2** Warum sagen die Kinder zu Jörg: „Du bist dumm.“?
Erkläre.

◒ **3** Welche Wörter fehlen?
Schreibe die vollständigen Sätze auf und lies sie vor.

Die Kinder [redacted] sich auf den [redacted].
Der kleine [redacted] ist auch dabei.
Jörgs Drachen ist [redacted].
Jörgs [redacted] ist der König.
Jörg lässt seinen [redacted] abends frei.

Drachensteigen

Im Herbst treffen sich die Kinder auf den Wiesen. „Wir lassen Drachen steigen!“, rufen sie. Sie wickeln die Drachenschnur ab und der Wind trägt die Drachen in den Himmel. Der kleine Jörg sagt: „Heute habe ich auch einen Drachen.“ Der Drachen sieht etwas zerknittert aus. Und dann gibt es eine Überraschung: Jörgs Drachen steigt höher als alle anderen! „Hurra!“, schreit Jörg. „Mein Drachen ist der König!“ Den ganzen Nachmittag rennen die Kinder über die Wiesen. Am Abend wollen sie nach Hause gehen. Sie wickeln die Drachenschnur auf. Aber Jörg steht mit leeren Händen da. „Wo ist dein Drachen?“, wollen die anderen wissen. „Ich habe ihn freigelassen“, sagt Jörg. „Du bist dumm“, lachen die Kinder. Aber Jörg steckt die Hände in die Hosentaschen und geht fröhlich heim.

nach Gina Ruck-Pauquèt

1. Was ist an Jörgs Drachen anders? Finde die Zeile.

2. Warum sagen die Kinder zu Jörg: „Du bist dumm.“? Erkläre.

3. Welche drei Sätze kannst du aus den Wörtern bilden? Schreibe sie mit dem richtigen Satzzeichen auf und lies sie vor.

rennen	über	die Wiesen	Die Kinder		
der Kinder	fliegen	in	Die Drachen	hoch	den Himmel
Drachen	der König	ist	Jörgs	den Drachen	unter

Drachensteigen

Wenn der Herbst die Blätter golden färbt, treffen sich die Kinder auf den Wiesen. „Wir lassen Drachen steigen!“, rufen sie. Sie spulen die Schnur ab, und der Wind trägt die bunten Papiergesellen hinauf. „Diesmal habe ich auch einen Drachen“, sagt der kleine Jörg. „Na ja“, meinen die anderen. Der Drachen sieht ein bisschen zerknittert aus. Und dann gibt es eine Überraschung: Jörgs Drachen steigt höher als alle anderen! „Hurra!“, schreit Jörg. „Mein Drachen ist der König!“ Den ganzen Nachmittag rennen die Kinder über die Wiesen. Als es dämmrig wird, sind sie müde. „Wir wollen nach Hause gehen“, sagen sie, und sie wickeln die Drachenschnur auf. Aber Jörg steht mit leeren Händen da. „Wo ist dein Drachen?“, wollen die anderen wissen. „Ich habe ihn freigelassen“, sagt Jörg. „Er wollte hinauf zum Abendstern.“ „Du bist dumm“, lachen die Kinder, und sie laufen nach Hause. Der kleine Jörg aber steckt die Hände in die Hosentaschen und geht fröhlich heim.

Gina Ruck-Pauquèt

○ **1** Was ist an Jörgs Drachen anders? Finde die Zeile.

◒ **2** Warum sagen die Kinder zu Jörg: „Du bist dumm.“? Erkläre.

● **3** Weshalb geht Jörg fröhlich heim? Tauscht euch darüber aus.

Einen Text mit verteilten Rollen lesen und spielen

Auf „Weltreise“ mit Opa

Die Sommerferien beginnen, und Eva und Daniel sind wütend. …
„Warum seid ihr so brummig?“, wundert sich Opa.
„Pah!“ Daniel verzieht das Gesicht. „Ferien ohne Reise sind doof.“
„Bestimmt würden eure Eltern gern mit euch verreisen“, meint Opa.
„Warum tun sie es dann nicht?“, trotzt Eva. Opa zuckt mit den Achseln.
„Sie müssen sparen. Bestimmt sind sie deswegen sehr traurig.“
„Wir sind auch traurig“, maulen die Geschwister.
„Oje“, murmelt Opa. „Aber ihr könntet doch ins Schwimmbad gehen oder Fahrradtouren machen, … ach, vieles gibt es zu tun. Und ich bin froh, dass ich in den Ferien nicht so alleine bin.“
„Freust du dich wirklich, wenn wir daheimbleiben?“, fragt Eva.
„Und erzählst du uns auch Geschichten?“ „So viele ihr wollt. Und ein bisschen verreisen können wir auch.“ Eva und Daniel blicken Opa aufgeregt an. „Verreisen? Wohin?“ Opa macht ein geheimnisvolles Gesicht.
„Es sind ganz besondere Reisen, die jeder nur einmal machen kann.“ Er zieht den Atlas aus dem Bücherregal, schließt die Augen, öffnet irgendeine Seite und fragt: „Na, wo sind wir gelandet?“
Daniel sieht auf die Karte. „Auf einer Insel.“ „Es ist Irland“, sagt Opa. Eine interessante Insel im Atlantik. Hier werden wir viel erleben.“
Dann reisen Eva, Daniel und Opa mit dem Finger auf der Karte durch dieses ferne Irland. Sie fahren über das weite, grüne Land, klettern auf Berge und Klippen, schippern auf Flüssen und wandern an Stränden. Eva und Daniel können alles genau vor sich sehen. Am aufregendsten sind die alten Ruinen mit den Gespenster- und Seeräubergeschichten.
„Toll.“ Daniel ist richtig stolz auf seine Irlandreise. „Machst du mit uns noch einmal so eine Reise?“
„Wir können an jedem Ferientag in ein anderes Land reisen“, schlägt Opa vor. „Und am Ende der Ferien habt ihr fast so etwas wie eine Weltreise gemacht.“
Da freuen sich Eva und Daniel und sind gar nicht mehr böse, dass die Sache mit dem Urlaub am Meer nicht geklappt hat. Was ist das schon gegen eine Weltreise?

Elke Bräunling

So könnt ihr einen Text mit verteilten Rollen lesen und spielen

1. Lies den Text.

2. Welche Figuren sprechen im Text?

   Opa
   ...

3. Was sagen die Figuren? Achte auf die Anführungszeichen: „...“

   „Warum seid ihr so brummig?“
   ...

4. Wie sprechen die Figuren? Achte auf Punkt, Fragezeichen, Ausrufezeichen und Wörter, die ausdrücken, wie etwas gesagt wird.

   verzieht das Gesicht
   ...

5. Lest nun den Text betont mit verteilten Rollen. Denkt an den Erzähler.

Ihr könnt den Text auch als Lesetheater aufführen.

Überlegt gemeinsam:
- Welche Rollen sind zu besetzen?
- Wie sollen die Figuren lebendig werden?
- Wie sprechen sie?
- Welche Gesichtsausdrücke und Bewegungen passen?

6. Gebt euch Rückmeldungen zum Lesen und Spielen. Achtet besonders auf deutliches Sprechen, die Betonung und Gesten.

>>S. 186: Erzählung/Erzähler, Figur

Autor
Als Autor bezeichnet man die Verfasser von Erzählungen, Gedichten, Theaterstücken, Zeitungsartikeln, Grafiken ... Schriftsteller oder Dichter sind auch Namen für Autoren. Im Lesebuch steht der Name des Autors im Inhaltsverzeichnis und unter dem jeweiligen Text. >>S. 3–7

Buch
Das Wort Buch ist von Buche hergeleitet, dem Baum, aus dessen Holz früher Tafeln und Stäbchen (Buchstaben) geschnitzt wurden. Heute besteht ein Buch aus bedruckten Seiten, die manchmal illustriert sind. Es gibt Bilderbücher, Märchenbücher, Liederbücher, Sachbücher und viele mehr. Bücher haben einen Titel, der neugierig machen soll. Bücher haben oft einen Klappentext. Er steht auf der Umschlagklappe oder der Rückseite des Buches und fasst den Inhalt des Buches kurz zusammen. „Anna, genannt Humpelhexe“ ist ein Buch, aus dem du einen Ausschnitt im Lesebuch findest. >>S. 28

Dialog
Dialog bedeutet Zwiegespräch, Wechselrede: Zwei oder mehrere Figuren sprechen abwechselnd miteinander. Ein Dialog kann dazu dienen, unterschiedliche Meinungen zu verdeutlichen. Einen Dialog findest du zum Beispiel im Text „Dialog“. >>S. 109

Erzählung / Erzähler
Erzählung ist eine Sammelbezeichnung für alle Formen des Erzählens. Erzählungen sind Texte, in denen ein Autor einen Erzähler ein wirkliches oder erfundenes Geschehen erzählen lässt. Erzählungen sind auch Texte wie Märchen, Sagen, Fabeln und Schwänke. Oft wird in der Vergangenheit erzählt. Eine Erzählung ist zum Beispiel „Künstlerpech“. >>S. 72/73

Figur
Figuren handeln in einem Text: Sie begegnen sich, führen Gespräche, streiten sich, handeln mit- oder gegeneinander. Die wichtigste Figur ist die Hauptfigur. In der Erzählung „Der Koffer“ ist die Hauptfigur ein Koffer. >>S. 110/111

Gedicht / Strophe / Vers
Gedichte sind meist kleine sprachliche Kunstwerke. Sie wollen ganz anders gelesen werden als zum Beispiel Erzählungen oder Märchen. Lies sie halblaut.

So spürst du besser den Wortklang, den Reim und den Rhythmus. Die Zeilen des Gedichts nennt man Verse. Mehrere Verse zusammen bilden eine Strophe. Jedes Kapitel deines Lesebuchs beginnt mit Gedichten. >>S. 10/11

Handlung

Handlung ist das, was in einer Erzählung, einem Theaterstück oder einem Film geschieht, wenn sich Figuren begegnen, miteinander oder gegeneinander auftreten. Auch Gedanken und Gefühle der Figuren können eine Handlung in Gang bringen und ihren Verlauf beeinflussen. >>S. 105

Internet

WWW ist die Abkürzung für World Wide Web. Das bedeutet weltweites Netz. Genau genommen ist das WWW nur ein Teil des Internets. Im WWW kannst du Seiten mit zum Beispiel Texten, Bildern, Musik oder Videos aufrufen. In der Erzählung „Der Tag, an dem die Oma das Internet kaputt gemacht hat" geht es um das Internet. >>S. 156/157

Medien

Wir informieren uns täglich mithilfe der Medien: Wir lesen Zeitung, hören Radio, sehen fern, surfen im Internet ... Das Wort Medium bedeutet Vermittler. Im Kapitel „Bücherwurm und Computermaus" findest du viel über Medien.
>>S. 146–165

Sage

Die Sage ist eine Erzählung mit einem wahren Kern. Sie erzählt von bestimmten Orten oder Personen, von wirklichen wie auch von unwirklichen, fantastischen Ereignissen. Wundersame Figuren wie Riesen, Zwerge, Drachen, Geister können (wie im Märchen) übernatürliche Kräfte entwickeln. Sagen wurden ursprünglich (wie Märchen) mündlich weitergegeben, „weitergesagt". „Wie Rosenheim zu seinem Namen kam" ist eine Sage. >>S. 115

Szene / szenisches Spiel

Eine Szene ist die kleinste Einheit eines Theaterstücks. Die Szene wechselt, wenn einzelne Figuren auf- und abtreten. Eine Erzählung oder ein Märchen oder eine kleine selbst erdachte Szene zu spielen macht großen Spaß. Beachte dabei, wie die Figuren sprechen, wie sie sich bewegen. Du kannst dich auch verkleiden. Tipps zum Gestalten findest du in diesem Lesebuch. >>S. 165 und 185

*1907 †1975

Mascha Kaléko wird als Golda Malka Aufen geboren, aber Mascha genannt. 1918 kommt sie nach Berlin. Hier veröffentlicht sie ihr erstes Gedicht. Mehrere Gedichtbände folgen. 1938 muss Mascha Kaléko als Jüdin vor den Nationalsozialisten fliehen. Nach dem 2. Weltkrieg kommt sie noch zweimal nach Deutschland zurück.
Lesetipp: „Träume, die auf Reisen führen. Gedichte für Kinder“

*1937

Paul Maar wird in Schweinfurt geboren. Schon als Kind will er Künstler werden. Sein Großvater ermutigt ihn, eigene Geschichten zu schreiben. Paul Maar studiert Malerei und arbeitet als Kunstlehrer. Er schreibt nun Kinderbücher und illustriert sie. 1968 erscheint sein erstes Kinderbuch „Der tätowierte Hund“. Eine bekannte Figur ist das Sams.
Lesetipp: „Herr Bello und das blaue Wunder“

*1923 †2013

Schon mit acht Jahren will **Otfried Preußler** Schriftsteller werden. Aber nach dem Abitur muss er in den Krieg ziehen. Danach wird er Lehrer. Seinen Schülern erzählt er gern Geschichten. Später schreibt er sie auf. Sein erstes Buch ist „Der kleine Wassermann“. Zuletzt sind es über 32 Kinderbücher. Sie werden in vielen Sprachen gelesen.
Lesetipp: „Hörbe mit dem großen Hut“

*1950

Nasrin Siege ist im Iran geboren und kommt als Kind nach Deutschland. Schon als Schülerin schreibt sie Texte. Später, in Afrika, arbeitet sie an ihrem ersten Kinderbuch und sammelt afrikanische Erzählungen. Sie schreibt auch über den Alltag afrikanischer Kinder und möchte zeigen, dass sich Kinder, unabhängig von ihrer Herkunft, in ihren Wünschen, Gefühlen und Gedanken ähneln.
Lesetipp: „Morgen kommt die Hyäne zum Essen. Afrikanische Tiergeschichten“

Textquellennachweis

8.1 Paul Maar: Die Frühstücksmaschine. Aus: Anne und Paul Maar: Mehr Affen als Giraffen. Geschichten, Rätsel und Bilder. Verlag Friedrich Oetinger, Hamburg 2009; **10.1** Charlotte Jugel: Mein Haus. © bei der Autorin, nach: ders., Knicks und sag danke: Gedichte, Kleine Schritte 2000; **10.2** Unsere Schule (Ein Platz zum Leben), Text: Jens Pape © MUSIK FÜR DICH Rolf Zuckowski OHG (Sikorski Musikverlage), Hamburg, Aus: Rolf Zuckowski und viele Freunde: „Schule ist mehr". 14 Lieder für die Grundschulzeit. Universal Music GmbH, Berlin 2016; **10.3** Auf der Grundlage von: Unsere Schule (Ein Platz zum Leben), Text: Jens Pape © MUSIK FÜR DICH Rolf Zuckowski OHG (Sikorski Musikverlage), Hamburg, Aus: Rolf Zuckowski und viele Freunde: „Schule ist mehr". 14 Lieder für die Grundschulzeit. Universal Music GmbH, Berlin 2016; **11.1** Gottfried Herold: Kleiner Unsinn. Aus: Komm, wir wolln im Regen gehen. , Der KinderbuchverlagBerlin 2000; **11.2** Käthe Recheis: Das Schimpfwörter-ABC. Aus: Das Sprachbastelbuch. G & G Verlagsgesellschaft, München 2005; **12.1** Regina Schwarz: F. Aus: Regina Schwarz u. a.: Sprach-Spiel-Spaß von A bis Z. OZ Velber im OZ Verlag GmbH, Freiburg 2002; **13.1** Hans Joachim Gelberg: Ich sammle Wörter. Aus: Hans Joachim Gelberg (Hrsg.): Wo kommen die Worte her? Neue Gedichte für Kinder und Erwachsene. Beltz & Gelberg, Weinheim und Basel 2011.; **13.2** Auf der Grundlage von: Unbekannter Verfasser: Ich sammle Wörter. Aus: Hans Joachim Gelberg (Hrsg.): Wo kommen die Worte her? Neue Gedichte für Kinder und Erwachsene. Beltz & Gelberg, Weinheim und Basel 2011.; **14.1** Marlies Böhm: Schulweg 1. Aus: Feelings. Unvergessliche Gedichte im Jahresreigen. Rüdiger Kohl Verlag, Niederzier-Oberzier 1997; **15.1** Marlies Böhm: Schulweg 2. Aus: Feelings. Unvergessliche Gedichte im Jahresreigen. Rüdiger Kohl Verlag, Niederzier-Oberzier 1997; **16.1** Angelika Mechtel: Der Neue (Auszug). Aus: Leselöwen-Schulklassengeschichten. Löwe, Bindlach 1993; **19.1** Anja Gröting: Klassenregeln vor 120 Jahren. Aus: Lernwerkstatt: So war es früher. BVK Buch Verlag, Kempen 2001; **19.4** Auf Grundlage von: Anja Gröting: Klassenregeln vor 120 Jahren. Aus: Lernwerkstatt: So war es früher. BVK Buch Verlag, Kempen 2001; **20.1** Maria Seidemann: Detektiv Blitz auf Buchstabenjagd (gekürzt/ geändert). Aus: Spannende Abc-Geschichten für Erstleser; Von verzauberten Wörtern und lustigen Schulwegabenteuern. Arena Verlag, Würzburg 2017; **21.2** Maria Seidemann: Detektiv Blitz auf Buchstabenjagd (gekürzt/ geändert). Aus: Spannende Abc-Geschichten für Erstleser; Von verzauberten Wörtern und lustigen Schulwegabenteuern. Arena Verlag, Würzburg 2017; **22.1** Heinz Janisch: Herr Kratochwil kommt fast zu spät. © Verlag Jungbrunnen, Wien 2009; **24.3** Auf der Grundlage von: Nasrin Siege: Zärtlichkeiten. Aus: Hans Joachim Gelberg (Hrsg.): Die Erde ist mein Haus. 8. Jahrbuch der Kinderliteratur. Beltz, Weinheim, Basel 1988; **24.4** Auf Grundlage von: Nasrin Siege: Zärtlichkeiten. Aus: Hans Joachim Gelberg (Hrsg.): Die Erde ist mein Haus. 8. Jahrbuch der Kinderliteratur. Beltz, Weinheim, Basel 1988; **25.1** Nasrin Siege: Zärtlichkeiten. Aus: Hans Joachim Gelberg (Hrsg.): Die Erde ist mein Haus. 8. Jahrbuch der Kinderliteratur. Beltz, Weinheim, Basel 1988; **25.2** Auf der Grundlage von: Nasrin Siege: Zärtlichkeiten. Aus: Hans Joachim Gelberg (Hrsg.): Die Erde ist mein Haus. 8. Jahrbuch der Kinderliteratur. Beltz, Weinheim, Basel 1988; **26.1** Nasrin Siege: Zärtlichkeiten. Aus: Hans Joachim Gelberg (Hrsg.): Die Erde ist mein Haus. 8. Jahrbuch der Kinderliteratur. Beltz, Weinheim, Basel 1988; **26.2** Auf der Grundlage von: Nasrin Siege: Zärtlichkeiten. Aus: Hans Joachim Gelberg (Hrsg.): Die Erde ist mein Haus. 8. Jahrbuch der Kinderliteratur. Beltz, Weinheim, Basel 1988; **27.1** Nasrin Siege: Zärtlichkeiten. Aus: Hans Joachim Gelberg (Hrsg.): Die Erde ist mein Haus. 8. Jahrbuch der Kinderliteratur. Beltz, Weinheim, Basel 1988; **28.1** Franz Fühmann: Anna genannt Humpelhexe. Aus: Märchen auf Bestellung. Belz & Gelberg, Weinheim, Basel 2011; **30.1** Anne Steinwart: Ich. Aus: Da haben zwei Knaben gesungen. Carlsen, Hamburg 1992; **31.1** Jürgen Spohn, Ich, In: Ursula Remmers/ Ursula Warmbold (hrsg.), Ich und du und große Leute. Reclam, Stuttgart 2004; **31.1** Fredrik Vahle: Gedicht vom Ich. Aus: Kristina Calvert (Hrsg.): Können Steine glücklich sein? Philosophieren mit Kindern. Rowohlt, Reinbek 2004; **32.1** Bernd Lunghard: Luise Berg steht vor dem Spiegel. Aus: Luise Berg. Der Kinderbuchverlag, Berlin 1987; **32.2** Michael Kumpe: Tauschen. Aus: Hans-Joachim Gelberg (Hrsg.): Überall und neben dir. Gedichte für Kinder und Erwachsene. Beltz & Gelberg, Weinheim, Basel 1986; **32.3** Peter Maiwald: Der Spiegel. Aus: Hans-Joachim Gelberg (Hrsg.): Wo kommen die Worte her? Neue Gedichte für Kinder und Erwachsene. Beltz & Gelberg, Weinheim, Basel 2011; **33.1** Wolfgang Buschmann, Sich dünn machen, In: Hans-Joachim Gelberg, Wo kommen die Worte her? Neue Gedichte für Kinder und Erwachsene. Beltz & Gelberg, Weinheim, Basel 2011.; **33.2** James Krüss: Längenunterschied. Aus: Hans-Joachim Gelberg (Hrsg.): Wo kommen die Worte her? Neue Gedichte für Kinder und Erwachsene. Beltz & Gelberg, Weinheim, Basel 2011; **33.3** Gerda Anger-Schmidt, Rätsel. Aus Gerda Anger-Schmidt, Birgit Antoni: Sei nicht sauer, meine Süße. Wortspiele, Nonsens, Geschichten, Reime. Sauerländer, Düsseldorf 2009; **34.1** Bertolt Brecht, Gesammelte Werke, Bd. 5. Suhrkamp Verlag, Frankfurt 1967; **35.1** Max Kruse: Kindertraumboot, In: Hans-Joachim Gelberg (Hrsg.), Wo kommen die Worte her? Beltz und Gelberg, Weinheim/Basel 2011; **35.4** Auf der Grundlage von: Max Kruse: Kindertraumboot, In: Hans-Joachim Gelberg (Hrsg.), Wo kommen die Worte her? Beltz und Gelberg, Weinheim/Basel 2011; **36.1** Susie Morgenstern: Ich wünsche mir von einer Fee ... (Auszug). Aus: Supermittelmäßig. Aus dem Französischen von Tobias Scheffel. Deutschsprachige Ausgabe: Bastei Lübbe, Köln 2012; **38.1** Lorenz Pauli: Mutig, mutig. Beltz & Gelberg Verlag, Weinheim und Basel 2012; **40.1** Günter Saalmann: Rezept gegen Wut. Aus: Besuch im Großen Zoo. Reime, Rätsel, Gedichte aus drei Jahrzehnten für Kinder von 92 bis 174 Zentimeter, für Erwachsene ab 3. Norderstedt: Books On Demand 2005; **41.1** Pernilla Stalfelt: Auf der Welt gibt es ein großes Problem (Auszug). Das Gegenteil von Gewalt kann sein (Auszug). Aus: Ich mach dich platt! Das Kinderbuch von der Gewalt. Aus dem Schwedischen von Brigitta Kicherer, Moritz, Frankfurt am Main 2010; **41.2** Pernilla Stalfelt: Auf der Welt gibt es ein großes Problem (Auszug). Das Gegenteil von Gewalt kann sein (Auszug). Aus: Ich mach dich platt! Das Kinderbuch von der Gewalt. Aus dem Schwedischen von Brigitta Kicherer, Moritz, Frankfurt am Main 2010; **42.2** Auf der Grundlage von: 3 "Voller Einsatz auf einem Bein". Aus: GEOlino 7/2010, Gruner+Jahr, Hamburg; **42.3** Auf der Grundlage von: "Voller Einsatz auf einem Bein". Aus: GEOlino 7/2010, Gruner+Jahr, Hamburg; **42.4** auf der Grundlage: "Voller Einsatz auf einem Bein". Aus: GEOlino 7/2010, Gruner+Jahr, Hamburg; **43.1** "Voller Einsatz auf einem Bein". Aus: GEOlino 7/2010, Gruner+Jahr, Hamburg.; **43.2** auf der Grundlage von: "Voller Einsatz auf einem Bein". Aus: GEOlino 7/2010, Gruner+Jahr, Hamburg; **44.1** Autor unbekannt, Vollerinsatz auf einem Bein, In: GEOlino Nr. 7/2010, Gruner + Jahr, Hamburg; **45.1** Autor unbekannt, Voller Einsatz auf einem Bein, In: GEOlino Nr. 7/2010, Gruner + Jahr, Hamburg; **45.3** Auf Grundlage von: 3 "Voller Einsatz auf einem Bein". Aus: GEOlino 7/2010, Gruner+Jahr, Hamburg; **46.1** Christina König: Eltern tauschen. Aus: Kleine Lesetiger-Ballettgeschichten. Loewe, Bindlach 2004; **47.4** Auf der Grundlage von: Christina König: Eltern tauschen. Aus: Kleine Lesetiger-Ballettgeschichten. Loewe, Bindlach 2004; **48.1** Gerda Anger-Schmidt: Vom Nehmen und Geben. Aus: Hans Joachim Gelberg (Hrsg.): Wo kommen die Worte her? Neue Gedichte für Kinder und Erwachsene. Beltz & Gelberg, Weinheim 2011; **48.2** Friedl Hofbauer, Mit dir, In: Friedl Hofbauer und Heinz Janisch: Schön, dass du da bist. G & G, Wien 2008; **49.2** Lea Hector: Freunde. Aus: Helme Heine, Freunde. Gertraud Middelhauve, München 1992; **50.1** Die gute Taube. Bearbeitet und übersetzt von Abdalhafiz Mohammad und Elinor Mohammad. Aus: Das Insel-Buch für Kinder. Ausgew. und hrsg. von Elisabeth Borchers. Insel Verlag, Frankfurt/Main 1979; **51.2** Auf der Grundlage von: Die gute Taube. Bearbeitet und übersetzt von Abdalhafiz Mohammad und Elinor Mohammad. Aus: Das Insel-Buch für Kinder. Ausgew. und hrsg. von Elisabeth Borchers. Insel Verlag, Frankfurt/Main 1979; **51.3** unbekannter Verfasser, Sind alle Türen verschlossen, Aus: http://sprueche.net/t%C3%BCr-spr%C3%BCche (Entnahmedatum 04.07.19); **52.1** Gitta Edelmann: Bulli, Malli und der Neue (Auszug). Aus: Astrid, Hille, Diana Schäfer: Streithammel und beleidigte Leberwurst. Verstehen, vertragen, versöhnen. Bd. 18. Velber. © Family media GmbH & Co. KG, Freiburg im Breisgau 2007;

54.1 McBratney, Sam: Weißt du eigentlich, wie lieb ich dich hab? Aus: McBratney/Jeram, Anita: Weißt du eigentlich, wie lieb ich dich hab? übers. v. Rolf Inhauser, Sauerländer Verlag, Frankfurt/ Salzburg 1997; **55.2** Mc Bratney, Sam (Autor)/Jeram, Anita (Illustratorin): Woaßt du ibahapts, wia gern dass i di mog? Übertragen ins Bairische von Ottfried Fischer, Fischer 2004; **55.3** Mc Bratney, Sam (Autor)/Jeram, Anita (Illustratorin): Waßt du eigenli. wäi gern i di mooch? Fränkische Ausgabe, übers. v. Fitzgerald Kusz, Fischer Sauerländer 2009; **55.4** Mc Bratney, Sam (Autor)/Jeram, Anita (Illustratorin): Woisch du, wia saumäßig i di mag? Übertragen ins Schwäbische von Manfred Eichhorn, Fischer Sauerländer 2006; **56.1** Ludwig Harig: Alle machen alles. In der Küche. Aus: Ludwig Harig, Gesammelte Werke Bd. 2, Schönes Niemandsland. Gedankenspiele und Gedichte, hrsg. v. Gerhard Sauder, Hanser, München 2006; **57.1** Alexandra Maxeiner: Geschwister, keine. Aus: Lexikon der Lästigkeiten. Klett Kinderbuchverlag, Leipzig 2012; **58** Corinna Gieseler: Moritz heißt immer noch Meier. Die Geschichte von Mamas neuem Freund (Auszug). Heinrich Ellermann, Hamburg 2002; **59.2** Auf der Grundlage von: Corinna Gieseler: Moritz heißt immer noch Meier. Die Geschichte von Mamas neuem Freund (Auszug). Heinrich Ellermann, Hamburg 2002; **60.1** Udo Weigelt: Der alte Bär muss Abschied nehmen (Auszug). NordSüd, Zürich 2003; **62.2** Auf der Grundlage von: Edith Schreiber-Wicke: Der Neinrich. Thienemann, Stuttgart, Wien 2002; **62.3** Auf der Grundlage von: Edith Schreiber-Wicke: Der Neinrich. Thienemann, Stuttgart, Wien 2002; **63.1** Edith Schreiber-Wicke: Der Neinrich. Thienemann, Stuttgart, Wien 2002; **63.3** Auf der Grundlage von: Edith Schreiber-Wicke: Der Neinrich. Thienemann, Stuttgart, Wien 2002; **64.1** Edith Schreiber-Wicke: Der Neinrich. Thienemann, Stuttgart, Wien 2002; **65.1** Edith Schreiber-Wicke: Der Neinrich. Thienemann, Stuttgart, Wien 2002; **66.1** Ursula Wölfel: Die Geschichte von einer besonderen Familie. Aus: Das Lachkind und 99 andere ausgewählte Geschichten. Thienemann, Stuttgart, Wien, Berlin 1993; **67.4** Auf der Grundlage von: Ursula Wölfel: Die Geschichte von einer besonderen Familie. Aus: Das Lachkind und 99 andere ausgewählte Geschichten. Thienemann, Stuttgart, Wien, Berlin 1993; **67.5** Auf der Grundlage von: Ursula Wölfel: Die Geschichte von einer besonderen Familie. Aus: Das Lachkind und 99 andere ausgewählte Geschichten. Thienemann, Stuttgart, Wien, Berlin 1993; **68.1** Paul Maar: Gerichte aus der Hexenküche. Aus: Kreuz und Rüben, Kraut und quer. Das große Paul Maar Buch. Oetinger Hamburg, 2004; **69.1** Johann Wolfgang von Goethe: Hexeneinmaleins. Aus: Faust I. In: Goethe. Berliner Ausgabe, Bd. IV. Aufbau, Berlin und Weimar 1965; **69.2** Max Kruse: Zauberspruch: Nimm Entenfedern ... Aus: ders. Windkinder. Reutlingen Verlag Ensslin und Laiblin, Reutlingen 1968; **69.3** Christa Zeuch: Zauberformel zum Raten. Aus: Xixibixmacht Hexenfaxden. Oetinger, Hamburg 1998; **70.1** Brüder Grimm: Die Wichtelmänner. Erstes Märchen. Aus Kinder- und Hausmärchen, Bd. 1. Reclam jun., Stuttgart 1980; **72.1** Otfried Preußler: Künstlerpech. Aus: Der Räuber Hotzenplotz (Auszug). Thienemann, Stuttgart, Wien 1962; **73.3** Auf der Grundlage von: Otfried Preußler: Künstlerpech. Aus: Der Räuber Hotzenplotz (Auszug). Thienemann, Stuttgart, Wien 1962; **74.1** Paul van Loon: Fuxia, die Minihexe. übers. Eva Schweikart, Fischer Taschenbuch Verlag, Frankf./M. 2008; **75.1** Claudia Heine, Das Märchen vom Schnee, Volksgut, In: Adventskalenderbuch. 24 zauberhafte Geschichten mit Ausklappseiten. Coppenrath Verlag, Münster 2017.; **75.4** Auf der Grundlage von: Claudia Heine, Das Märchen vom Schnee, Volksgut, In: Adventskalenderbuch. 2zauberhafte Geschichten mit Ausklappseiten. Coppenrath Verlag, Münster 2017; **76.1** Till bäckt Eulen und Meerkatzen. Aus: Till Eulenspiegel (Neu erzählt von Heinz Janisch). Bilderbuchstudio-Verlag Neugebauer Press Salzburg, München 1990; **77.2** Auf der Grundlage von: 1 Till bäckt Eulen und Meerkatzen. Aus: Till Eulenspiegel (Neu erzählt von Heinz Janisch). Bilderbuchstudio-Verlag Neugebauer, Press Salzburg, München 1990; **78.1** Hacks, Peter: Zauberstab und Zauberhut. Aus: Zur Schule geh ich seit drei Tagen. Der Kinderbuchverlag, Berlin 1973; **78.3** Auf der Grundlage von: Hacks, Peter: Zauberstab und Zauberhut. Aus: Zur Schule geh ich seit drei Tagen. Der Kinderbuchverlag, Berlin 1973; **81.1** Auf der Grundlage eines Märchens der Brüder Grimm: Kinder- und Hausmärchen. Philipp Reclam jun. Stuttgart 1980; **82.1** Auf der Grundlage eines Märchens der Brüder Grimm: Kinder- und Hausmärchen. Philipp Reclam jun. Stuttgart 1980; **83.1** Auf der Grundlage eines Märchens der Brüder Grimm: Kinder- und Hausmärchen. Philipp Reclam jun. Stuttgart 1980; **86.1** Johann Wolfgang von Goethe, Das Lied der Nachtigall, In: Gleich ist der Sommer da. Ein Goethe-Buch für Kinder, 4. Auflage, 1990 Verlag Junge Welt DDR, Quellennachweis: Aufbau Verlag Berlin 1990; **86.2** Volker Braun: Der Regen. Aus: Texte in zeitlicher Folge, Band 3. Mitteldeutscher Verlag, Halle, Leipzig 1990; **87.1** Heinrich Heine: Der Schmetterling ist in die Rose verliebt. Aus: Sämtliche Gedichte in zeitlicher Reihenfolge. Neuer Frühling III. Insel, Frankfurt/ M. und Leipzig 1993; **87.2** Martin Auer: Haiku (Auszug). Aus: H.-J. Gelberg (Hrsg.): Wo kommen die Worte her? Neue Gedichte für Kinder und Erwachsene. Beltz & Gelberg, Weinheim, Basel 2011; **88.1** Der Regen (lettisches Volksmärchen). Aus: Anne Geelhaar (Hrsg.) Das Märchenhaus. Der Kinderbuchverlag, Berlin 1969; **89.1** Peter Hacks: Frau Tausendfuß heut Wäsche hat. Aus: Der Flohmarkt. Gedichte für Kinder. Werke, Band 10. Eulenspiegel, Berlin 2003; **91.1** Elisabeth Manke: Gänseblümchen (gekürzt, bearbeitet). Aus: dies.: Schätze aus Wald und Flur: Ein Sammelbuch für Kinder. Verlag für die Frau, Leipzig 1989; **92.1** Edgar Wüpper: Alles wächst, wie es will (bearbeitet). Aus: ders.: Leselöwen Umweltgeschichten. Loewe Verlag, Bindlach 1990; **93.2** Auf der Grundlage von: Edgar Wüpper: Alles wächst, wie es will (bearbeitet). Aus: ders.: Leselöwen Umweltgeschichten. Loewe Verlag, Bindlach 1990; **93.5** Auf der Grundlage von: Edgar Wüpper: Alles wächst, wie es will (bearbeitet). Aus: ders.: Leselöwen Umweltgeschichten. Loewe Verlag, Bindlach 1990; **95.1** Auf der Grundlage von: Förderkreis Buchengarten Pondorf e.V., Die Bavaria-Buche. https://www.naturpark-altmuehltal.de/sehenswertes/gedenkgarten_der_bavariabuche-7/ und https://bavariabuche.de/schautafeln/01-geschichte/Titel geändert, gekürzt, Stand 25.05.2020; **96.1** Josef Guggenmos: Wer kennt die Pflanze? Aus: Groß ist die Welt. Die schönsten Gedichte von Josef Guggenmos. Beltz & Gelberg, Weinheim, Basel 2006; **97.1** Hans Misdorf: Weg, unter: http://www.derweg.org/deutschland/geschichte/kartoffel.html; **98.1** Martin Luther: Vom Raben und Fuchs. Aus: Alice und Karl Heinz Berger: In der Sonne steht der Hahn. Der Kinderbuchverlag, Berlin 1983; **99.1** Der Fuchs und die Trauben (bearbeitet): Aus: Margaret Clark, Charlotte Voake: Löwe. Hase & Co. 27 Geschichten aus dem Reich der Fabeln neu erzählt von Tilde Michels. Ellermann Verlag, München 1991; **100.2** Auf der Grundlage von Brüder Grimm: Der Bauer und der Teufel. Aus: Kinder- und Hausmärchen gesammelt durch die Brüder Grimm, Band 3. Insel, Frankf./M. 1974; **100.4** Auf der Grundlage von Brüder Grimm: Der Bauer und der Teufel. Aus: Kinder- und Hausmärchen gesammelt durch die Brüder Grimm, Band 3. Insel, Frankf./M. 1974; **101.1** Brüder Grimm: Der Bauer und der Teufel. Aus: Kinder- und Hausmärchen gesammelt durch die Brüder Grimm, Band 3. Insel, Frankf./M. 1974; **101.2** Auf der Basis von Brüder Grimm: Der Bauer und der Teufel. Aus: Kinder- und Hausmärchen gesammelt durch die Brüder Grimm, Band 3. Insel, Frankf./M. 1974; **102.1** Brüder Grimm: Der Bauer und der Teufel. Aus: Kinder- und Hausmärchen gesammelt durch die Brüder Grimm, Band 3. Insel, Frankf./M. 1974; **103.1** Brüder Grimm: Der Bauer und der Teufel. Aus: Kinder- und Hausmärchen gesammelt durch die Brüder Grimm, Band 3. Insel, Frankf./M. 1974; **104.1** Äsop: Der Löwe und die Maus. übers. v. Constanze Steindamm, Aus: Das große Fabelbuch, Lappan, Oldenbourg 2010; **105.2** Auf der Grundlage von: Äsop: Der Löwe und die Maus. übers. v. Constanze Steindamm, Aus: Das große Fabelbuch, Lappan, Oldenbourg 2010; **105.3** Auf der Grundlage von: Äsop: Der Löwe und die Maus. übers. v. Constanze Steindamm, Aus: Das große Fabelbuch, Lappan, Oldenbourg 2010; **106.1** Kinder einer Welt (gekürztes Lied). Text: Bernie Conrads © Musikedition Chlodwig, München/ CST Musikverlag & Produktions GbR/ Stoppok, Stoppok, Conrads, Vilgertshofen; **107.1** Wolf Harranth: Du fragst mich, wo kommen die Wolken her? Aus: Hans-Joachim Gelberg (Hrsg.): Wo kommen die Worte her? Neue Gedichte für Kinder und Erwachsene. Weinheim und Basel: Beltz & Gelberg 2011; **108.1** Malala, jüngste

Friedensnobelpreisträgerin (gekürzt, bearbeitet). Aus: GEOlino extra Nr. 50. Gruner + Jahr, Hamburg; **109.1** Siege, Nasrin: Dialog. Aus: Hans-Joachim Gelberg (Hrsg.) : Wo kommen die Worte her? Beltz & Gelberg, Weinheim, Basel 2011; **109.2** Auf der Grundlage von: Siege Nasrin: Dialog. Aus: Hans-Joachim Gelberg (Hrsg.) : Wo kommen die Worte her? Beltz & Gelberg, Weinheim, Basel 2011; **109.3** Auf der Grundlage von: Siege Nasrin: Dialog. Aus: Hans-Joachim Gelberg (Hrsg.) : Wo kommen die Worte her? Beltz & Gelberg, Weinheim, Basel 2011; **110.1** Sibylle Mews: Der Koffer. Aus: Dagmar Binder: Wenn der Sommer lacht. Von Sonnentagen und Ferienspaß. Patmos, Düsseldorf 2003; **111.2** Isolde Stangner. Rucksack packen. Nach einer Idee von Margret Rettich. Aus: Margret Rettich: Lirum, larum, Löffelstiel, wer mich fragt, dem sag ich viel. Ein Sprachbilderbuch. Ravensburger 1995; **115.1** Max Einmayr: Wie Rosenheim zu seinem Namen kam. Aus: Max Einmayr: Inntaler Sagen, Sagen und Geschichten aus dem Inntal zwischen Kaisergebirge und Wasserburg. Meißner, Oberaudorf 1983; **118.1** Maja Nielsen: Wikinger (gekürzt, bearbeitet). Aus: dies: Wikinger. Mit den Nordmännern auf großer Fahrt. Gerstenberg Verlag, Hildesheim 2012; **121.1** Johann Gottfried Herder: An die Kinder. Aus: Walther Victor (Hrsg.): Herder. Ein Lesebuch für unsere Zeit von Wilhelm Dobbek. Volksverlag, Weimar 1955; **122.1** Johann Gottfried Herder: An die Kinder. Aus: Walther Victor (Hrsg.): Herder. Ein Lesebuch für unsere Zeit von Wilhelm Dobbek. Volksverlag, Weimar 1955; **123.1** Johann Gottfried Herder: An die Kinder. Aus: Walther Victor (Hrsg.): Herder. Ein Lesebuch für unsere Zeit von Wilhelm Dobbek. Volksverlag, Weimar 1955; **124.1** Tourismusverbandes Ostbayern e.V.: Ein Moor erzählt Geschichte, unter: https://www.bayerischer-wald.de/Media/Attraktionen/Hochmoor-Todtenau-und-umgebende-Auen, Stand: 17.06.2020; **125.4** Auf der Grundlage von: Unbekannter Verfasser: Ein Moor erzählt Geschichte. Aus: https://www.bayerischer-wald.de/Media/Attraktionen/Hochmoor-Todtenau-und-umgebende-Auen, Stand: 17.06.2020; **125.7** Auf der Grundlage von: Unbekannter Verfasser: Ein Moor erzählt Geschichte. Aus: https://www.bayerischer-wald.de/Media/Attraktionen/Hochmoor-Todtenau-und-umgebende-Auen, Stand: 17.06.2020; **126.1** Robert Reinick: Wie ist doch die Erde so schön. Aus: Edith George und Regina Hänsel (Hrsg.): Ans Fenster kommt und seht ... Gedichte für Kinder. Der Kinderbuchverlag, 1. Aufl., Berlin 1976; **127.1** Künzler-Behncke Rosemarie: Erde. Aus: Hans Joachim Gelberg (Hrsg.): Großer Ozean. Beltz & Gelberg, Weinheim 1986; **127.2** Alles voller Leben (Im Wald und auf der Heide), Text: Eckart zur Nieden © SCM Hänssler, Holzgerlingen, Aus: Rolf Zuckowski: „Tiere brauchen Freunde". Musik für Dich / Polydor GmbH, Hamburg 1998.; **127.3** Alles voller Leben (Im Wald und auf der Heide), Text: Eckhart zur Nieden © SCM Hänssler, Holzgerlingen, Aus: Rolf Zuckowski: „Tiere brauchen Freunde". Musik für Dich / Polydor GmbH, Hamburg 1998.; **128.1** Kleine Tropfen Wasser, Aus: Miezekatz und Huckelpuckel. LeiV, Leipzig 1997; **128.2** Reime - Gedichte - Geschichten für den Kindergarten. Volk und Wissen, Berlin 1968.; **128.3** James Krüss: Das Wasser. Aus: Der wohltemperierte Leierkasten. Bertelsmann, Gütersloh 1961.; **130.1** Heiko Kammerhoff: Die Wasserfall-Giganten (Auszug). Aus: GEOlino 5/2014. Gruner + Jahr, Hamburg.; **131.2** Familie Schmidt, Ostern mit Kindern. Kuck hier. Rottachfall Tegernsee, unter: https://www.familienurlaub-info.com/ausflugsziele/deutschland/bayern/ (Stand: 16.06.2020).; **132.1** Peter Härtling: Sofie und Vaters Wasserwerk. Aus: Sofie macht Geschichten. Beltz, Weinheim, Basel 1980.; **134.1** Josef Guggenmos: Besuch bei den Forellen. Aus: Ich will dir was verraten. Beltz & Gelberg, 1992.; **134.2** Dieter Mucke: Umweltverschmutzung. Aus: Freche Vögel. Der Kinderbuchverlag, Berlin 1977.; **135.1** Dela Kienle: Wie Boyan Slat das Meer vom Plastik befreien will (gekürzt, bearbeitet). Aus: GEOlino extra Nr. 50. Gruner + Jahr, Hamburg.; **136.1** Martin Auer: Die Sterne. Aus: Hans-Joachim Gelberg (Hrsg.): Wo kommen die Worte her. Beltz & Gelberg, Weinheim, Basel 2011.; **136.2** Heinz Janisch, Wolf Erlbruch: Der König und das Meer. Aus: Der König und das Meer. Sanssouci im Hanser, München 2008; **137.1** Herbert Günther: Die Erde hat eine Anziehungskraft (Auszug). Aus: Hans-Joachim Gelberg (Hrsg.): Eines Tages. Geschichten von überallher. Beltz & Gelberg, Weinheim, Basel 2002; **138.1** Simone Müller: Ötzi im Gletschereis (gekürzt, bearbeitet). Aus: GEOlino extra Nr. 58. Gruner + Jahr, Hamburg; **140.4** Auf der Grundlage von: Vergebliche Rache. Jüdisches Märchen. Aus: Leo Pavlat (Hrsg.): Jüdische Märchen. Artia Verlag, Praha 1985. Übers. H. Weisová-Tomanová; **141.1** Vergebliche Rache. Jüdisches Märchen. Aus: Leo Pavlat (Hrsg.): Jüdische Märchen. übers. v. H. Weisová-Tomanová, Artia Verlag, Praha 1985; **142.1** Vergebliche Rache. Jüdisches Märchen. Aus: Leo Pavlat (Hrsg.): Jüdische Märchen. übers. v. H. Weisová-Tomanová, Artia Verlag, Praha 1985; **142.3** Auf der Grundlage von: Vergebliche Rache. Jüdisches Märchen. Aus: Leo Pavlat (Hrsg.): Jüdische Märchen. Artia Verlag, Praha 1985; **143.1** Vergebliche Rache. Jüdisches Märchen. Aus: Leo Pavlat (Hrsg.): Jüdische Märchen. übers. v. H. Weisová-Tomanová, Artia Verlag, Praha 1985; **146.1** aus: Ernst Jandl: Gesammelte Werke, Bd. 2, Luchterhand Literaturverlag 1985; **146.2** Josef Guggenmos: Rätsel. Aus: ders.: Oh, Verzeihung, sagte die Ameise. Beltz & Gelberg, Weinheim, Basel 2008; **147.1** Hartmut Kulick: Bücher. Aus: G. Sennlaub: Leseschatz 3. Cornelsen Verlag Berlin 1990; **150.1** Thierry Robberecht: Der Wolf, der aus dem Buch fiel. übers. v. Ilse Rothfuss, Ravensburger Buchverlag Otto Maier GmbH, Ravensburg 2015; **152.1** Lane Smith: Das ist ein Buch! übers. v. Michael Krüger, Sanssouci im Carl Hanser Verlag, München 2010; **156.1** Marc-Uwe Kling: Der Tag an dem die Oma das Internet kaputtgemacht hat. Carlsen Verlag GmbH, Hamburg 2018; **160.4** Christine Nöstlinger: Worüber der Franz unzufrieden ist (Auszug). Aus: Fernsehgeschichten vom Franz. Friedrich Oetinger, Hamburg 1994, 2010; **161.1** nach Christine Nöstlinger: Worüber der Franz unzufrieden ist (Auszug). Aus: Fernsehgeschichten vom Franz. Friedrich Oetinger, Hamburg 1994, 2010; **161.2** nach Christine Nöstlinger: Worüber der Franz unzufrieden ist (Auszug). Aus: Fernsehgeschichten vom Franz. Friedrich Oetinger, Hamburg 1994, 2010; **162.1** nach Christine Nöstlinger: Worüber der Franz unzufrieden ist (Auszug). Aus: Fernsehgeschichten vom Franz. Friedrich Oetinger, Hamburg 1994, 2010; **163.1** Christine Nöstlinger: Worüber der Franz unzufrieden ist (Auszug). Aus: Fernsehgeschichten vom Franz. Friedrich Oetinger, Hamburg 1994, 2010; **164.1** Oliver Jeffers: Der unglaubliche Bücherfresser. übers. v. Sarah Haag, Friedrich Oetinger, Hamburg 2007; **166.1** Mascha Kaléko: Die vier Jahreszeiten. Aus: Mascha Kaléko: Sämtliche Werke und Briefe. hrsg. v. Jutta Rosenkranz, Hanser. München 2012; **168.1** Eleonora Berger: Das erste Märchen von den zwölf Monaten. Aus: Heinz Brand (Hrsg.): Ach, du liebe Zeit. Lappan, Oldenburg 2007; **169.1** Eleonora Berger: Das zweite Märchen von den zwölf Monaten. Aus: Heinz Brand (Hrsg.): Ach, du liebe Zeit. Lappan, Oldenburg 2007; **170.1** Sabine Bohlmann: Dinge, die man tun sollte(Auszug). Aus: Die Familien-Schatzkiste. Bräuche, Rituale, Spiele & Rezepte rund ums Jahr. Gräfe&Unzer, München 2011; **171.1** Erich Übelacker: Wie kommen die Jahreszeiten zustande? Aus: ders., Was ist was. Bd. 22. Die Zeit. Tessloff, Nürnberg 2005; **172.1** Josef Guggenmos: Nebel. Aus: Groß ist die Welt. Beltz & Gelberg, Weinheim, Basel 2006; **173.1** Roland Rosenstock: Was ist das Laubhüttenfest? Aus: Frag doch mal ... Weltreligionen. cbj, München 2010; **174** Otfried Preußler: Winterfreuden. Aus: Hörbe und sein Freund Zwottel. Thienemann, Stuttgart 1983; **175.1** Volksgut, Schneeflocken, unter: http://www.sprachspielspass.de/kindergedichte/alle-kindergedichte/schneeflocken/ (05.07.19); **175.2** Anita van Saan/ Charlotte Wagner: 101 Experimente mit Wasser. moses, Kempen 2008, S. 88; **176.1** Bernhard Lins: Dann fängt Weihnachten an. Aus: Kindertheater zur Weihnachtszeit. Annette Betz, Wien, München 1999, 2011; **178.1** Jupp Becker, Witz "Hoppel zwei Hausen nach China", unter: https://www.lokalkompass.de/duesseldorf/c-lk-gemeinschaft/witz-des-abends_a640392; **178.2** https://www.wir-lieben-es-lustig.de/die-besten-osterwitze/treffen-sich-zwei-r%C3%BChreier/ (Zugriff: 15.09.2020); **178.3** https://www.witze.tv/lustige-witze/fritzchen-witze/fritzchen-wieso-schuettest/ (Zugriff: 15.09.2020); **178.4** Mücki und Max - Die schönsten Kinderwitze. Arena Verlag. 8. Auflage. Würzburg 2011.; **179.1** Georg Bydlinski: Die Sonne ist ein Lutschbonbon, aus: Sibylle Sailer (Hrsg.): Sieben kecke Schnirkelschnecken. Lustige Kindergedichte und Reimspaß zum Lachen. Arena Verlag, Würzburg 2010; **179.2** Elisabeth Borchers: Jahreszeiten. In: August. In: Hans-Joachim Gelberg (Hrsg.):

Großer Ozean. Gedichte für alle. Mit Illustrationen von Wolf Erlbruch. Beltz & Gelberg, Weinheim und Basel 2015; **180.2** auf der Grundlage von: Gina Ruck-Pauquèt: Drachensteigen. Aus: Heiner Schmidt (Hrsg.): Wir fliegen mit dem Sommerwind. Zürich, Köln: Benziger 1968; **181.1** Gina Ruck-Pauquèt: Drachensteigen. Aus: Heiner Schmidt (Hrsg.): Wir fliegen mit dem Sommerwind. Zürich, Köln: Benziger 1968; **181.2** auf der Grundlage von: Gina Ruck-Pauquèt: Drachensteigen. Aus: Heiner Schmidt (Hrsg.): Wir fliegen mit dem Sommerwind. Zürich, Köln: Benziger 1968; **182.1** Gina Ruck-Pauquèt: Drachensteigen. Aus: Heiner Schmidt (Hrsg.): Wir fliegen mit dem Sommerwind. Zürich, Köln: Benziger 1968; **182.3** auf der Grundlage von: Gina Ruck-Pauquèt: Drachensteigen. Aus: Heiner Schmidt (Hrsg.): Wir fliegen mit dem Sommerwind. Zürich, Köln: Benziger 1968; **183.1** Gina Ruck-Pauquèt: Drachensteigen. Aus: Heiner Schmidt (Hrsg.): Wir fliegen mit dem Sommerwind. Zürich, Köln: Benziger 1968; **183.2** auf der Grundlage von: Gina Ruck-Pauquèt: Drachensteigen. Aus: Heiner Schmidt (Hrsg.): Wir fliegen mit dem Sommerwind. Zürich, Köln: Benziger 1968; **184.1** Elke Bräunling: Auf „Weltreise“ mit Opa, unter: https://www.elkeskindergeschichten.de/2013/07/19/auf-weltreise-mit-opa/ Stand: 19.05.2020; **185.3** Auf der Grundlage von: Elke Bräunling: Auf „Weltreise“ mit Opa. https://www.elkeskindergeschichten.de/2013/07/19/auf-weltreise-mit-opa/ Stand: 19.05.2020.; **185.4** Auf der Grundlage von: Elke Bräunling: Auf „Weltreise“ mit Opa. https://www.elkeskindergeschichten.de/2013/07/19/auf-weltreise-mit-opa/ Stand: 19.05.2020.;

Bildquellennachweis

Ablang, Friederike, Berlin, **19.1; 128.1; 128.3; 128.5; 128.7; 129.1; 129.2; 129.3; 129.4; 129.5; 129.7; 129.10; 130.3; 149.1; 152.1; 152.2; 152.3; 152.4; 153.1; 153.2; 153.4; 153.5**; Action Press GmbH, Hamburg (theoceancleanup / Exclusivepix), **135.1**; (ZUMA PRESS INC.), **43.1; 44.1**; (thislife pictures), **18.1**; Burghart-Vollhardt, Martina, Kamenz, **54.1**; Charlotte, Hintzmann, Berlin **69.1**; ddp media GmbH, Hamburg (Timm Schamberger), **188.2**; (United Archives), **18.2**; emoji-Grafiken: © emoji company GmbH. All rights reserved., **159.2; 159.3; 159.4; 159.6; 159.7; 159.8; 159.9; 159.10; 159.11; 159.12; 159.15; 159.16; 159.17**; Ernst Klett Verlag GmbH, Stuttgart (Bechtold), **22.1; 23.1; 23.2**; Fret, Jusche, Leipzig, **10.1; 12.1; 28.1; 28.2; 34.1; 35.1; 48.1; 48.2; 49.3; 50.1; 50.2; 51.1; 70.2; 72.1; 74.1; 81.1; 82.1; 83.1; 84.1; 84.2; 85.1; 85.2; 85.3; 85.5; 88.1; 89.1; 98.1; 98.2; 99.2; 109.2; 118.1; 122.1; 123.1; 141.1; 142.1; 143.1; 168.1; 169.1**; Fröhlich, Anke, Leipzig, **155.1**; Gerhard Laußer, Cham. www.sehenswerter-bayerischer-wald.de, **124.1**; Getty Images, München (VEGARD WIVESTAD GROTT/AFP), **108.1**; Getty Images Plus, München (E+ / fcafotodigital), **112.2**; Girshausen, Bernadette, Berlin, **79.1; 79.3; 79.4**; Goedelt, Marion, Berlin, **156.1; 157.1**; Goossens, Anja, Aachen, **16.1; 17.1; 40.1; 40.2; 40.3; 40.4; 41.1; 41.2; 56.1; 56.2; 56.3; 57.1; 132.1; 161.1**; Graupner, Sylvia, Annaberg, **20.1; 21.1**; Gregor, Sigrid, Ockfen, **36.1; 58.1; 66.1; 67.1; 120.3; 121.1; 170.1; 170.2; 170.3; 170.4; 172.1; 176.1; 177.1; 11.1; 87.1**; Großekettler, Friederike, Hameln, **3.1**; Hammerle, Nina, Götzens, **38.1; 38.2; 39.1; 39.2; 68.1; 68.2**; Heine, Claudia, Mönchengladbach, **13.5; 25.1; 26.1; 27.1; 32.1; 32.2; 32.3; 33.2; 33.3; 61.1; 86.1; 86.2; 100.1; 101.1; 102.1; 103.1; 105.1; 106.1; 107.1; 110.1; 111.1; 126.1; 127.1; 136.1; 144.1; 146.1; 147.1; 159.5; 160.1; 180.1; 181.1; 182.1; 183.1**; Hochmann, Carmen, Gütersloh, **8.1**; Holzmann, Angela, München, **52.1; 52.2; 53.1; 76.1; 77.1; 78.1; 104.1; 137.1; 167.1; 167.2**; Illustration von Carola Holland, in: Edith Schreiber-Wicke: Der Neinrich © 2001 Thienemann in der Thienemann-Esslinger Verlag GmbH, Stuttgart, **63.1; 64.1**; imago images, Berlin (Hans-Günther Oed), **95.1**; Kerbusch, Katrin, Dresden, **165.4**; Kinderwerte: Was ist für Kinder im Leben wichtig? GEOlino-UNICEF Kinderwertemonitor 2014, unter: https://www.unicef.de/blob/56990/a121cfd7c7acbdc2f4b97cbcdf0cc716/geolino-unicef-kinderwertemonitor-2014-data.pdf (Auszug), **37.1**; Kranenberg, Hendrik, Drolshagen, **3.1; 3.2; 4.1; 4.2; 5.1; 5.2; 6.1; 6.2; 7.1; 75.1; 148.2**; Le loup tombé du livre, Thierry Robberecht (Autor), Grégoire Mabire (Illustrator) © Editions Mijade, Namur 2015. (Deutsche Ausgabe: Thierry Robberecht: Der Wolf, der aus dem Buch fiel © 2015 Ravensburger Buchverlag Otto Maier GmbH, Ravensburg), **150.1; 150.2; 151.1; 151.2**; Mauritius Images, Mittenwald (Karl-Heinz Spremberg), **131.1**; Müller, Klaus, Berlin, **171.1**; Nicolai, Axel, Sönnebüll, **133.1**; Okapia, Frankfurt (Ernst Schacke/Naturbild), **96.2**; Ostadal, Manuela, München, **9.1; 9.2; 18.3; 21.2; 24.1; 29.1; 29.3; 29.4; 40.5; 42.1; 44.2; 46.1; 57.2; 61.2; 62.1; 67.2; 71.1; 79.1; 88.2; 105.2; 133.2; 133.3; 134.2; 135.2; 139.1; 140.1; 145.1; 145.2; 145.3; 149.2; 165.1; 165.2; 165.3; 171.2; 171.3; 179.5; 184.1; 185.1; 14.2**; Pflügner, Matthias, Berlin, **178.2**; Picture-Alliance, Frankfurt/M. (APA/picturedesk.com/ROBERT PARIGG), **138.1**; (dpa / Rolf Vennenbernd), **188.4**; (Sueddeutsche), **148.1**; (Ursula Düren), **188.3**; Rau, Katja, Berglen, **51.2**; Reich, Bettina, Zwenkau/Leipzig, **14.1; 15.1; 30.1; 31.1; 178.1; 179.4**; Schumann, Friederike, Berlin, **154.1; 154.2**; ShutterStock.com RF, New York, NY (David Bostock), **117.1**; (GaudiLab), **148.3**; (Gelpi JM), **159.13**; (Jazzmany), **114.1**; (Kichigin), **175.1**; Stadt Rosenheim Hauptamt - Öffentlichkeitsarbeit, Rosenheim, **115.1**; stock.adobe.com, Dublin (alex9500), **113.1**; (Andrey), **113.3**; (Markus Mainka), **112.1**; (pholidito), **96.1**; (Printemps), **112.3**; (sanneberg), **159.1**; (Thomas Otto), **96.3**; Thinkstock, München (Andre Grout), **130.1**; (iStockphoto), **94.1**; (serezniy), **113.2**; ullstein bild, Berlin, **188.1**; Woernle, Hela, Hannover, **90.1; 91.1; 92.2; 93.1; 119.1; 164.1; 134.1; 173.1; 174.1**; Wolfgang Buschmann, Sich dünn machen, In: Hans-Joachim Gelberg, Wo kommen die Worte her? Neue Gedichte für Kinder und Erwachsene. Beltz & Gelberg, Weinheim, Basel 2011., **33.1**

1. Auflage 1 5 4 3 2 1 | 26 25 24 23 22

Autorin: Isolde Stangner
Regionale Fachberatung: Beate Eckert-Kalthoff
Unter Mitarbeit von: Nadin Bamberg, Frances Fuhrmann, Bernadette Girshausen und Blanka Koschany

Entstanden in Zusammenarbeit mit dem Projektteam des Verlages.

Gestaltung: Visuelle LEBENSFREUDE, Hannover
Titelbild: Friederike Großekettler, Hameln
Satz: Krause Büro, Jens Krause, Leipzig
Reproduktion: Meyle & Müller, Pforzheim
Druck: PASSAVIA Druckservice GmbH & Co. KG

Printed in Germany
ISBN 978-3-12-231366-1

9 783122 313661